Anwendungsfelder und Herausforderungen der Künstlichen Intelligenz

Matthias Neu · Melanie Müller ·
Biju Pothen · Moritz Zingel

Anwendungsfelder und Herausforderungen der Künstlichen Intelligenz

Wie KI die Gesellschaft und
Marketing beeinflusst

Matthias Neu
Campus Dieburg
Hochschule Darmstadt
Dieburg, Deutschland

Biju Pothen
Pass IT-Consulting
Aschaffenburg, Deutschland

Melanie Müller
Gernsheim, Hessen, Deutschland

Moritz Zingel
Büdingen, Hessen, Deutschland

ISBN 978-3-658-38890-4   ISBN 978-3-658-38891-1   (eBook)
https://doi.org/10.1007/978-3-658-38891-1

Die Deutsche Nationalbibliothek verzeichnet diese Publikation in der Deutschen Nationalbibliografie; detaillierte bibliografische Daten sind im Internet über http://dnb.d-nb.de abrufbar.

Planung/Lektorat: Angela Meffert
Springer Gabler ist ein Imprint der eingetragenen Gesellschaft Springer Fachmedien Wiesbaden GmbH und ist ein Teil von Springer Nature.
Die Anschrift der Gesellschaft ist: Abraham-Lincoln-Str. 46, 65189 Wiesbaden, Germany

Geleitwort

© Staatskanzlei

Künstliche Intelligenz ist ein Megatrend, eine Schlüsseltechnologie des 21. Jahrhunderts. Sie ist einer der wichtigsten Treiber für Innovationen und beeinflusst zunehmend Wissenschaft, Wirtschaft und Gesellschaft. Wir stehen zwar erst am Anfang dieser dynamischen Entwicklungen, trotzdem ist bereits heute sicher, dass kaum ein Bereich unseres Lebens von KI unberührt bleiben wird.

Beobachten wir den Alltag, stellen wir fest: KI hält fast überall Einzug. Ob beim Navigieren von A nach B, beim Texten und Nachschlagen, Einkaufen oder Musikhören. Schon heute kann KI ganz wesentlich zu unserem Wohlbefinden beitragen. Und sie kann uns bei der Lösung drängender Fragen unserer

Zeit unterstützen, z. B. in der medizinischen Diagnostik, im Umweltschutz oder im Umgang mit Ressourcen. Dieser ganz konkrete Nutzen von KI, die Frage nach konkreten Anwendungen ist letztlich entscheidend: KI muss dem Menschen dienen, nicht umgekehrt.

Es ist mir daher ein wichtiges Anliegen, dass wir alle uns in diesem maßgebenden Zukunftsfeld positionieren und einbringen, gerade jetzt, wo auf Bundes- und europäischer Ebene grundlegende Entscheidungen zur weiteren Entwicklung der KI getroffen werden.

Ich bin aber auch überzeugt davon, dass Künstliche Intelligenz sich nur unter Berücksichtigung ethischer und rechtlicher Aspekte und bei gleichzeitigem Verantwortungsbewusstsein jedes Einzelnen als bedeutungsvolle und akzeptierte Schlüsseltechnologie behaupten kann. Eine wichtige Voraussetzung hierfür ist das Wissen darüber, was KI kann, wo sie herkommt und wie sie sich in Zukunft auf unser Leben auswirken könnte. Neben der Aufbereitung des aktuellen Wissensstandes bedarf es daher auch eines breiten gesellschaftlichen Dialogs und einer aktiven politischen Gestaltung, um KI ethisch, rechtlich, kulturell und institutionell in die Gesellschaft einzubetten. Mit unserer KI-Zukunftsagenda haben wir bereits die Richtung entwickelt, damit wir „KI made in Hessen" noch besser in die Praxis und Anwendung bringen. Wir haben unter anderem ZEVEDI gegründet, das Zentrum verantwortungsbewusste Digitalisierung, und den Rat für Digitalethik. Diese Institutionen haben den verantwortungsvollen Umgang mit KI besonders im Blick. Zudem haben wir 10 Millionen Euro in ein KI-Innovationslabor investiert, das zusammen mit hessian.AI, dem Hessischen Zentrum für Künstliche Intelligenz, die Rolle Hessens in der KI-Forschung, KI-Entwicklung und KI-Anwendung bedeutend stärkt und den Ausbau des hessischen KI-Ökosystems ideal unterstützt. So formen Wirtschaft, Wissenschaft und Gesellschaft im Dialog ein neues Markenzeichen: „KI made in Hessen".

Ich freue mich, dass Sie sich mit diesem Buch in die facettenreiche Welt der Künstlichen Intelligenz hineinnehmen lassen und wünsche eine angenehme Lektüre!

Juni 2022   Prof. Dr. Kristina Sinemus

Vorwort

Das Thema Künstliche Intelligenz wird in den Medien, in Fachzeitschriften, auf Messen und bei Vorträgen immer wieder kontrovers diskutiert. KI ist ein sehr aktuelles Thema und gilt als Fortschrittstreiber und Angstmacher zugleich.

Es ist keineswegs ein neues Gebiet, das gerade erst entwickelt wurde. Bereits in den 1940er Jahren wurde an neuronalen Systemen geforscht. Das Wissen über die Funktionsweise des Gehirns war damals schon ganz wesentlich, denn es ist die Basis für künstliche neuronale Systeme – also für schlaue Rechner und Maschinen, die sich Wissen selbst aneignen.

KI gilt als grundlegende Technik bzw. als Basisinnovation für die Entwicklung in fast allen Wirtschaftsbereichen. KI-Anwendungen finden sich in fast allen Produkten wieder und begleiten heute schon viele Produktionsprozesse. Ob Handys, Hausgeräte, Autos, Logistik oder Energiewirtschaft – KI begleitet unser Leben und erleichtert den Alltag, spart Kosten, steigert die Effizienz, verwaltet Wissen und verbessert die Medizin. Doch worauf müssen die Treiber der Digitalisierung achten, damit technische Innovationen nicht zum Selbstzweck werden? Und was bedeutet das Fortschreiten der Künstlichen Intelligenz für die Gesellschaft, Marketing und Kommunikation?

Vor dem Hintergrund des 5. Marketing Symposiums der Hochschule Darmstadt, das Fragen rund um das Thema KI in den Mittelpunkt stellte, möchte diese Veröffentlichung praxisnahe Antworten rund um das Thema KI geben und zugleich einen kurzen Überblick über die historische Entwicklung aufzeigen. Es werden darüber hinaus relativ ausführlich auch aktuelle Anwendungsfelder dargestellt. Abschließend gehen die Autoren auf die Risiken dieser Entwicklung und auch auf Fragen der digitalen Ethik ein.

Prof. Dr. Matthias Neu

Inhaltsverzeichnis

Über die Autoren

Prof. Dr. Matthias Neu hat an der Julius-Maximilians-Universität in Würzburg studiert und promoviert. Nach Tätigkeiten bei der Deutschen Lufthansa AG und der Aareal Bank AG wurde er Professor für Marketing an der Hochschule Darmstadt. Er beschäftigt sich seit vielen Jahren mit Fragen der Digitalisierung und des Marketings und hat sehr enge Verbindungen zu Unternehmen aus der IT-Branche. Jedes Jahr führt er mit Studierenden Exkursionen ins Silicon Valley durch.

Melanie Müller hat Betriebswirtschaftslehre mit den Schwerpunkten Marketing und Controlling in Saarbrücken und Darmstadt studiert. Die vorliegende Publikation, welche im Rahmen ihres Studiums entstand, ist die erste Veröffentlichung der Masterandin. Heute arbeitet sie als Online-Marketing-Manager in Frankfurt am Main.

Biju Pothen ist seit mehr als 30 Jahren in der IT-Branche tätig. Er ist Mitglied der Geschäftsleitung der PASS Consulting Group sowie Vorstand der PASS System Management AG und u. a. verantwortlich für die Business Unit Public Sector, Healthcare & Telecommunications. Darüber hinaus leitet er die Landesfachkommission Digitalisierung des Wirtschaftsrats in Hessen und ist Sprecher des Unternehmernetzwerks Innovation & Technologie.

Moritz Zingel hat internationale Betriebswirtschaftslehre in Fulda studiert und einen Masterabschluss in Betriebswirtschaftslehre in Dieburg. Während des Bachelorstudiengangs absolvierte er ein Auslandssemester an der Sun Diego State University in Amerika. Die Schwerpunkte beider Studiengänge sind Marketing und dies spiegelt sich auch in der Berufswahl wieder. Moritz Zingel ist seit fünf Jahren u. a. für die Marketing Agentur Mothership in Köln tätig und seit 2021 Creative-Content-Manager. Die Ausrichtung des Berufsfeldes liegt stark im Bereich von Social-Media-Marketing, Influencer-Marketing und der Erstellung von eigenen Inhalten für den Einsatz in Werbekampagnen.

Abkürzungsverzeichnis

AI	Artificial Intelligence
EU-DSGVO	EU-Datenschutz-Grundverordnung
GAN	Generative Adversarial Network
KI	Künstliche Intelligenz
ROI	Return On Investment
RPA	Robotic Process Automation
VPA	Voice Personal Assistant

Abbildungsverzeichnis

Historische Entwicklung der Künstlichen Intelligenz

Einleitend werden zunächst einige wichtige technische Entwicklungen (Basisinnovationen) erläutert. Anschließend wird ein Überblick über den geschichtlichen Hintergrund und die Entwicklung der Künstlichen Intelligenz (KI) gegeben.

1.1 Die industriellen Revolutionen

Zunächst werden in diesem Abschnitt die einzelnen Stufen der industriellen Revolutionen anhand ihrer wichtigsten technischen Errungenschaften und Weiterentwicklungen charakterisiert. Dies dient zur Einordnung der Technik in die Historie, deren Relevanz und vor allem deren Potenzial für die Zukunft.

1.1.1 Erste industrielle Revolution

Die erste industrielle Revolution, die sehr eng mit der Erfindung der Dampfmaschine und des mechanischen Webstuhls verbunden war, stellte den Übergang von der Agrar- zur Industriegesellschaft dar. Gegen Ende des 18. Jahrhunderts wurde die wachsende Bedeutung der Technik sichtbar, denn es begann die erstmalige maschinelle Produktion von Gütern und Dienstleistungen. In dieser Entwicklungsphase gehörten zu den ersten Erfolgen der frühen Industrialisierung die ersten Eisenbahnen, der Kohleabbau, die Schwerindustrie, die Dampfschifffahrt, die Tuchherstellung, der Verkehr und der Textildruck. Reine körperliche Kraft wurde mehr und mehr durch den Einsatz von Maschinen ersetzt. Durch Dampf betriebene Maschinen, Loks und Schiffe ermöglichten damals einen großen Fortschritt in der Produktivität und dem Transportwesen (vgl. Hofmann, 2017, S. 3). Der preiswerte Transport begünstigte dabei auch den Export von Gütern.

M. Neu et al., *Anwendungsfelder und Herausforderungen der Künstlichen Intelligenz*, https://doi.org/10.1007/978-3-658-38891-1_1

1.1.2   Zweite industrielle Revolution

Mit dem Beginn der Elektrizität nahm gegen Ende des 19. Jahrhunderts die zweite industrielle Revolution ihren Anfang. In den neu entstehenden Fabriken konnten immer mehr Güter in kürzerer Zeit hergestellt werden. Begünstigt wurde dies durch die Erfindung der Fließbänder, die eine arbeitsteilige Massenproduktion ermöglichten. Darüber hinaus ermöglichte die Elektrisierung eine Massenproduktion und verbesserte die bisherigen Arbeitsweisen. Die ersten Fließbänder wurden 1913 von Henry Ford entwickelt und die Arbeitsstrukturen und Qualifikationen wandelten von der Einzelfertigung hin zu in sich abgeschlossenen Arbeitsschritten (Reihenfertigung), die durch spezialisierte Arbeitskräfte ausgeführt wurden (vgl. Schönfelder, 2018, S. 10).

1.1.3   Dritte industrielle Revolution

Die dritte industrielle Revolution fand hundert Jahre nach der zweiten industriellen Revolution statt. Sie ist geprägt durch IT und die weitere Automatisierung durch Elektronik. Im Mittelpunkt stand die Weiterentwicklung der Produktionsabläufe hin zu automatisierten Vorgängen. Die Faktoren Informationstechnik und Kommunikationstechnik spielten dabei eine große Rolle. Großrechner und der Personal-Computer mit entsprechenden Speicherkapazitäten ermöglichten die Programmierung von Steuerungsmodulen. Im Vordergrund bei der dritten industriellen Revolution standen somit die Automatisierung und neue Errungenschaften in der Elektrotechnik (vgl. Schönfelder, 2018, S. 11). In dieser Phase wurden zwar neue Arbeitsplätze in der IT-Industrie geschaffen, menschliche Arbeitskraft wurde aber zunehmend durch optimierte Prozesse und Maschinen ersetzt.

1.1.4   Vierte industrielle Revolution

Das Ende des 20. Jahrhunderts gilt als Beginn der vierten und derzeit aktuellen industriellen Revolution. Sie ist geprägt von der Digitalisierung und damit von Technologien wie dem Internet und vollkommen vernetzten Systemen. Abläufe, Strukturen und Prozesse werden digitalisiert und vernetzt und ermöglichen eine höhere Dynamik und flexiblere Anpassungen an kundenspezifische Produkte (vgl. Hofmann, 2017, S. 8).

Die vierte industrielle Revolution, die auch als digitale Revolution bezeichnet wird, hat große Auswirkungen auf die Produktions- und Arbeitswelt im globalen Zeitalter. In den Fabriken der Zukunft findet eine Verschmelzung von IT und Fertigungstechnik statt. Die digitale Vernetzung ermöglicht es, Maschinen aufeinander abzustimmen, Zeit und Ressourcen einzusparen und individualisierte Produkte auch in geringen Stückzahlen wirtschaftlich herzustellen.

Zudem nimmt die Geschwindigkeit von Innovationen stetig zu und Technologien wie Roboter übernehmen zunehmend Aufgaben in der Industrie. Kommunikationsstandards haben sich drastisch geändert und verzichten zunehmend auf die physische Anwesenheit der Kommunikationspartner (vgl. Fassbender, 2017). Die in der aktuellen industriellen Revolution verwendeten Technologien sind durch den Einsatz von KI ein wichtiger Bestandteil dieser Ausarbeitung.

1.2 Geschichte und Entwicklung der Künstlichen Intelligenz

Der Begriff „Künstliche Intelligenz (KI)" hat sich von einem modischen Schlagwort hin zu einem Megatrend entwickelt, der heute viele Prozesse und Branchen beeinflusst (vgl. Leven, 2018). Die Entwicklung zur eigentlichen KI, wie sie heute beschrieben, verwendet und verstanden wird, liegt bereits vor der Technisierung und Industrialisierung. In der Antike wurde bereits der Begriff „Automat" mit der Bedeutung einer autonom bzw. eigenständig agierenden Apparatur beschrieben. Diese Eigenständigkeit wird in der Antike als eine Art lebender Organismus verstanden, welche Parallelen in Bezug auf das Verständnis der KI heutzutage und des Grundgedankens eines selbstständig agierenden Systems aufweist. Später wird durch den Franzosen Julien Offray de La Mettrie der Mensch als Organismus mit der Funktion einer Maschine verglichen, mit dem Unterschied, dass eine Maschine zusätzlich bedient werden muss und menschliche Körper sich selbst bedienen (vgl. Mainzer, 2019, S. 7; De La Mettrie, 1748, S. 62).

Der Ansatz, Erkenntnisse in einer einheitlichen sprachlichen Form abzubilden, stammt von dem Universalgelehrten Athanasius Kircher und wurde durch den Mathematiker Gottfried Wilhelm Leibniz, welcher zur Vereinheitlichung der Sprache die Mathematik wählte, weitergeführt. Gottfried Wilhelm Leibniz verfolgte demnach die Theorie, Denkprozesse und Wissen durch mathematische Rechnungen oder Gleichungen zur Lösung von Fragen in der Wissenschaft zu nutzen (vgl. Mainzer, 2019, S. 8; Mittelstraß, 2011, S. 60). Die Limitierung der technischen Möglichkeiten und die fehlende Rechenleistung zur Anwendung dieser Rechenprozesse war zu dieser Zeit und ist bis heute die wesentliche Einschränkung im Fortschritt der Technologie.

Erst im 19. und 20. Jahrhundert wurden weitere Schritte zur Erweiterung der Rechenleistung und des dafür notwendigen technischen Fortschritts in der Konzeption von Rechnern gemacht (vgl. Mainzer, 2019, S. 9). Grundlegend für die Entstehung und Verwirklichung der KI waren die 1931 erarbeiteten theoretischen Ansätze in der Informatik. Für das Verständnis der KI sind bis heute die von Kurt Gödel entwickelten Gödelschen Sätze wichtig, da diese die entscheidenden Fragen in Bezug auf logische Zusammenhänge und Barrieren beantworten konnten.

In den 1940er Jahren wurde unter Zuhilfenahme von Erkenntnissen aus der Gehirnforschung an mathematischen Modellen für die Bildung neuronaler Netze geforscht. Auch zu dieser Zeit bildeten die technologischen Möglichkeiten die Grenze für das Voranschreiten der Forschung. Diese Barriere wurde ca. zehn Jahre später durch Allen Newell und Herbert A. Simon durchbrochen. Es war nun möglich, mittels des entwickelten Logic Theorist, eines automatisierten Theorembeweisers, die Limitierung der Rechner von Zahlen auf Symbole zu erweitern. Zur gleichen Zeit entwickelte der US-amerikanische Informatiker John McCarthy die Programmiersprache LISP. LISP legte wie der Logic Theorist auch den Fokus auf die Verarbeitung von Symbolen und ebnete später den Weg für die Anfänge der KI (vgl. Ertel, 2016, S. 6–8).

Das Jahr 1956 gilt als prägendes Jahr für die Geburtsstunde der KI durch die Konferenz „Summer Research Project on Artificial Intelligence". „Artificial Intelligence" (AI) als Begriff für die Thematik eines autonom agierenden Systems ist bis heute durch John McCarthy, welcher dieses Event ins Leben gerufen hatte, ein feststehender Name geblieben. Mit der Veranstaltung wurde somit der Startschuss für weitere Ideen und Forschungen auf dem Gebiet der KI gegeben. Die voranschreitende Entwicklung der Computertechnik begünstigte diesen Fortschritt. Erste Ansätze in der sprachlichen Verständigung zwischen dem Menschen und der Maschine wurden bereits im Jahr 1966 unter anderem durch den Informatiker Joseph Weizenbaum und dessen Programm ELIZA aufgezeigt. In Anlehnung an die Hauptfigur Eliza Doolittle, die in George Bernard Shaws Roman „Pygmalion" durch Professor Higgins lernte, wie man richtig spricht, erhielt ELIZA ihren Namen (vgl. Überland, 2016). Durch hinterlegte Schlüsselbegriffe konnte ELIZA Fragen und Antworten auf das geben, was der Nutzer in die Tastatur eintippte. Somit war das Dialogprogramm als erster Chatbot in der Lage, in natürlicher Sprache mit einem Menschen zu kommunizieren. Dieses Programm ist eine

Art Vorstufe der späteren Chatbots. In den folgenden Jahrzenten wurde an verschiedenen Systemen und Programmen wie dem MYCIN-System, welches in der Diagnostik und Therapie eingesetzt wurde, geforscht. Auch der Bereich Robotik begann 1990 an Relevanz zu gewinnen und machte große Fortschritte.

Im Jahr 1997 veranstaltete IBM einen Schach-Wettkampf. Das Ziel war es, den Schachweltmeister Garri Kasparow mit dem von IBM entwickelten System „Deep Blue" in einem Schachspiel zu besiegen. Das Programm gewann gegen den Schachweltmeister und sorgte somit für viel Aufsehen. Die tatsächliche Intelligenz des Systems wurde jedoch nicht anerkannt, da „Deep Blue" lediglich Schlüsse aus den Zügen zog und diese berechnete (vgl. Buxmann & Schmidt, 2019, S. 3–5).

Im Laufe der Jahre entwickelten sich diverse Gebiete, in denen KI eine Rolle spielt, wie die Robotertechnik, eigenständig fahrende Autos, sprachliches Verständnis und die Fähigkeit zu lernen. Als Meilensteine oder auch Schwerpunkte der heutigen KI gelten heute das sogenannte „Machine Learning" und das „Deep Learning".

Literatur

Buxmann, P., & Schmidt, H. (2019). *Künstliche Intelligenz. Mit Algorithmen zum wirtschaftlichen Erfolg.* Springer Gabler.

De La Mettrie, J. O. (1748). *Der Mensch eine Maschine.* Übersetzt von Adolf Ritter. Berlin (2016): Verlag der Contumax GmbH & Co. KG.

Ertel, W. (2016). *Grundkurs Künstliche Intelligenz. Eine praxisorientierte Einführung* (4. Aufl.). Springer Vieweg.

Fassbender, M. (2017). Industrie 1.0 bis 4.0 – Von der Dampfmaschine zum Robotor.: https://wechseljetzt.de/nachrichten/industrie-10-bis-40-von-der-dampfmaschine-zum-robotor/. Zugegriffen: 16. Juni 2022.

Hofmann, J. (2017). *Die digitale Fabrik: Auf dem Weg zur digitalen Produktion Industrie 4.0* (1. Aufl.). Beuth.

Leven, M. (2018). *The Swot of Artificial Intelligence.* Vortrag auf dem 5. Marketing Symposium der Hochschule Darmstadt.

Mainzer, K. (2019). *Künstliche Intelligenz – Wann übernehmen die Maschinen?* (2. Aufl.). Springer.

Mittelstraß, J. (2011). *Leibniz und Kant: Erkenntnistheoretische Studien.* De Gruyter.

Schönfelder, C. (2018). *Muße – Garant für unternehmerischen Erfolg: Ihr Potenzial für Führung und die Arbeitswelt 4.0.* Springer.

Überland, L. (2016). 50 Jahre Software ELIZA. Vom Psychiater inspirierte Künstliche Intelligenz. https://deutschlandfunkkultur.de/50-jahre-software-eliza-vom-psychiater-inspirierte.2156.de.html?dram:article_id=343175. Zugegriffen: 16. Juni 2022.

Wichtige Begriffe im Zusammenhang mit Künstlicher Intelligenz

2

Nachdem der Begriff „KI" in den Medien sehr unterschiedlich definiert und interpretiert wird, sollen in diesem Kapitel relevante Begriffe in Bezug auf diese Thematik etwas genauer beschrieben werden.

2.1 Künstliche Intelligenz

Der Begriff KI oder auch AI ist nicht einheitlich definiert oder beschrieben. Es gibt diverse Ansätze und Meinungen, die sich kritisch und unterschiedlich mit dem Forschungsthema oder der Technologie der KI auseinandersetzen (vgl. Kaplan, 2017, S. 1). Es stellt sich unter anderem die Frage, was in Bezug auf die KI als intelligent verstanden wird (vgl. Kreutzer und Sirrenberg, 2019, S. 2). Der Vergleich wird hierbei zwischen dem, was einen Menschen und seine Intelligenz ausmacht, und dem, was eine Maschine analog dazu auszeichnen muss, um diese Intelligenz zu besitzen, gezogen (vgl. Mainzer, 2019, S. 2).

Innerhalb der Begriffsdefinition der KI unterscheidet man drei Formen (vgl. Pothen, 2018):

1. ANI (Artificial Narrow Intelligence), d. h., die Maschine ist für eine technische Variante optimiert, z. B. Smartphone oder Schachcomputer
2. AGI (Artificial General Intelligence), d. h., die Fähigkeiten der Maschine sind vergleichbar mit den Fähigkeiten von Menschen.
3. ASI (Artificial Super Intelligence), d. h., die Maschine ist etwas bis milliardenfach klüger als der klügste Mensch

Die Intelligenz wird anhand von verschiedenen Merkmalen definiert, welche beispielsweise in Bereichen wie der Musikalität, Räumlichkeit, Linguistik oder auch

M. Neu et al., *Anwendungsfelder und Herausforderungen der Künstlichen Intelligenz,* https://doi.org/10.1007/978-3-658-38891-1_2

der Kreativität zu finden sind. Gemessen an dem menschlichen Vorbild ist man sich folglich in der Forschung nicht einig, ab wann die KI diesen Merkmalen gerecht wird und als solche bezeichnet werden kann. KI setzt beim Finden von Lösungsansätzen automatisierte Mechanismen ein, die das Verhalten entsprechend beeinflussen. Im Idealfall sollten die Lösungsansätze der KI nicht denen des Menschen entsprechen, sondern neu sein.

Im Kern war es das Ziel der KI-Entwicklung, eine Simulation der Intelligenz des Menschen mittels Technologie zu erschaffen (vgl. Djeffal, 2018, S. 6). In der Theorie wird die KI definiert als ein System, welches in der Lage ist, kognitive Problemstellungen zu bewältigen, die mit dem menschlichen Vorbild vergleichbar sind oder als solches wahrgenommen werden. In diesem Zusammenhang stehen Fähigkeiten wie das Wahrnehmen, Argumentieren und autonomes Lernen und analog dazu eigene Ansätze zur Lösung von Problemstellungen (vgl. Kreutzer & Sirrenberg, 2019, S. 2–3). Der Aufgabenbereich oder auch der Verwendungszweck der KI ist in verschiedenen Feldern zu finden. Jede Form des autonomen Lösens von Aufgaben und Problemen durch eine technologische Lösung wird als KI bezeichnet (vgl. Djeffal, 2018, S. 6).

Vor dem Hintergrund der wachsenden Plattformökonomie hat Markus Leven bei seinem Vortrag zum 5. Marketing Symposium der Hochschule Darmstadt darauf hingewiesen, dass der Einsatz von KI für etablierte Unternehmen notwendig ist, um in den kommenden zehn Jahren zu überleben (vgl. Leven, 2018).

2.2   Künstliche Intelligenz im Vergleich zum menschlichen Gehirn

Vergleicht man die Fähigkeiten der KI mit den Fähigkeiten des menschlichen Gehirns, kommt man zu erstaunlichen Ergebnissen (vgl. Pothen, 2018). Maschinen verarbeiten und analysieren zwar große Datenmengen und können logische Probleme lösen. Sie verstehen aber keine kreativen oder sozialen Prozesse und können nicht instinktiv mit bestimmten Situationen oder mit Widersprüchen umgehen (vgl. Leven, 2018). Während aktuell künstliche neuronale Netze in der Regel nur auf eine Aufgabe trainiert werden (ANI), gibt es in einem menschlichen Gehirn Milliarden neuronaler Netzwerke, die zusammen, aber auch gegeneinander arbeiten, sich verstärken, aber auch hemmen. Die Knoten der Netzwerke, die sogenannten Neuronen, werden ständig mit Daten der menschlichen Sinnesorgane gefüttert. Das bedeutet, dass das menschliche Gehirn ununterbrochen lernt.

Tab. 2.1 Vergleich des menschlichen Gehirns mit einem Supercomputer aus dem Jahr 2015

	Menschliches Gehirn	Supercomputer
Leistung	20 Watt	24 Megawatt
Größe/Raum	1500 cm^3	720 m^2
Kosten pro Jahr	3000 € für Nahrung	8 Mio. € für Strom, hohe Herstellungskosten
Geschwindigkeit	Ca. 200 Hz	3 GHz
Zuverlässigkeit	Ausfälle/Krankheiten	Zuverlässig
	Begrenzte Verarbeitungsleistung	Unbegrenzte Speicher
	Motivation, Eigeninteressen	Synchronisiertes Netzwerk

Vergleicht man das menschliche Gehirn mit einem Supercomputer aus dem Jahr 2015, kommt man zu dem in Tab. 2.1 dargestellten Vergleich (vgl. Urban, 2015; Pothen, 2018).

Alles, was heute an Intelligenzelementen nachgebildet wird, erfordert einen sehr hohen Energieverbrauch. Während das menschliche Gehirn nur wenig Energie verbraucht, benötigt man zum Teil kleine Kraftwerke, um diese Denkleistung in KI nachzubilden.

KI ist bisher sehr erfolgreich bei einfachen Rechenoperationen und vor allem darin, alles das zu erledigen, was „Denken" erfordert – aber erfolglos in den meisten Dingen, die Menschen und Tiere „ohne zu denken" tun. Der Mensch ist geprägt durch Motorik, Bewusstsein, Intuition und Empathie. KI fehlt es dadurch vor allem an (vgl. Pothen, 2018):

• Urteilsfähigkeit
• Erkennen der Gründe für einen Fehler (z. B. Gründe für falsch positive Bilderkennung: „Mit 99 % Wahrscheinlichkeit ist das ein Auto.")
• Bewusstsein über einen Kontext („komplette Fokussierung auf die perfekte Lösung der Aufgabe ohne Beachten und Einbeziehen des Umfeldes")

2.3 Algorithmus

Unter einem Algorithmus versteht man ein Verfahren zur Lösung von Aufgaben, die aus einer endlichen Folge von eindeutig ausführbaren Anweisungen bestehen. Mithilfe von Algorithmen kann eine Vielzahl gleichartiger Aufgaben gelöst werden. Die Grundlage für komplexe und schnelle Algorithmen bildet die kontinuierlich wachsende Datenbasis (Big Data) (vgl. Lenzen, 2019, S. 161–163).

Algorithmen sind formalisierte Vorschriften, die endlich, eindeutig, verständlich, ausführbar und allgemeingültig für einen bestimmten Problembereich ausgestaltet sind. Sie können mit Spielregeln verglichen werden (wie z. B. bei Karten- oder Brettspielen) und sind gleichzeitig die Basis der Automatisierung von Prozessen. KI definiert dabei Effizienzkriterien und verschiedene Aktionsrahmen und je nach Lage wird jene Aktion ausgeführt, die am effizientesten ist (vgl. Leven, 2018).

2.4   Maschinelles Lernen

Maschinelles Lernen oder auch Machine Learning bezieht sich auf die Fähigkeit einer Maschine, basierend auf den zugeführten Datensätzen und Reglementierungen ihre Anwendungen weiter zu entwickeln. Nachfolgend sind einige Arten von überwachtem und unbeaufsichtigtem maschinellen Lernen aufgeführt:

- **Regression**
  Verwendung früherer Daten zur Vorhersage einer Zahl (z. B. Aktienkurs oder Wetter).
- **Clustering**
  Verwenden von Daten zum Gruppieren ähnlicher Elemente. Ein Beispiel wäre, verschiedene Kundengruppen zu finden, die ähnliche Interessen aufweisen.
- **Classification**
  Verwenden von Daten zum Identifizieren und Klassifizieren eines Objekts (Bild, Satz, Stimme). Dies ist die Art von KI, die heute Schlagzeilen macht. Ein spezieller Algorithmus namens Deep Learning ermöglicht es Computern, ein Objekt von einem anderen zu unterscheiden (vgl. Pothen, 2018).

Im Unterschied zu anderen Systemen, welche mit Datensätzen und Regeln gespeist werden, soll die KI autonome Ansätze bilden und aus den Resultaten dieser Ansätze durch eigenes Lernen neue und verbesserte Schlüsse ziehen (vgl. Kreutzer und Sirrenberg, 2019, S. 5).

Alan Turing befasste sich als Mathematiker mit der Logik von Rechnungen, die von Maschinen durchgeführt werden, und der damit verbundenen Anwendung in der Technik (vgl. Mainzer, 2019, S. 9–10). Zudem stellte er sich die Frage, ob es möglich wäre, dass Maschinen denken könnten. Er verfolgte den hypothetischen Ansatz, dass der Mensch durch eine Maschine ersetzt werden könnte.

Für die Klärung seiner Fragen und Hypothesen entwarf Alan Turing den Turing-Test (vgl. Djeffal, 2018, S. 7). Der Test stellte fest, ob eine Maschine über ein dem Menschen gleichwertiges Denkvermögen verfügt. Der Ablauf des Tests sah vor, dass eine Testperson abwechselnd mit einer Maschine und einem Menschen über eine Schnittstelle kommuniziert, wobei die Testperson nicht weiß, mit wem (Mensch oder Maschine) sie kommuniziert. Die Testperson stellt Fragen und anhand der Antworten muss sie entscheiden, welche Antwort von der Maschine kommt und welche von einem Menschen. Als bestanden gilt der Test, wenn mehr als 30 % der Entscheidungen durch die Testperson zu Gunsten der Maschine ausfallen (vgl. Ertel, 2016, S. 4).

Dieser Vorgang basiert auf dem in der Maschine fortlaufend weiterentwickelten Algorithmus, welcher sich aufgrund von eigens getroffenen Entscheidungen der KI anpasst und verbessert. Die Maschine entscheidet also eigenständig, ob der Algorithmus für weitere Aufgaben und Probleme ausreichend zur Lösung beiträgt oder angepasst werden muss (vgl. Raschka & Mirjalili, 2018, S. 25).

Die traditionelle Form von Programmen oder Systemen besteht lediglich aus drei Stufen: den Daten, dem statischen Code und dem Ergebnis. Beim maschinellen Lernen sind es vier Stufen: Daten, Algorithmus, Hypothese und Ergebnis, wobei das Ergebnis auch Auswirkungen auf dem Algorithmus haben kann (s. Abb. 2.1).

Das maschinelle Lernen basiert – wie bereits beschrieben – auf sich weiterentwickelnden Algorithmen statt auf statischen Codes. Außerdem handelt es sich beim Machine Learning um ein intelligentes System, das sich selbst hinterfragt und somit eine Hypothese aufstellt und den vorangegangenen Prozess auf Optimierungsmöglichkeiten überprüft. Das Ergebnis liefert nach dem Durchlaufen der Prozesskette bzw. der Stufen ein Feedback an den Algorithmus und verändert sich somit stetig (vgl. Wittpahl, 2019, S. 24 f.).

Zusammengefasst kann man festhalten, dass maschinelles Lernen folgende Eigenschaften aufweist (vgl. Pothen, 2018):

- Generierung von Wissen aus Erfahrung
- Induktiver Lernansatz: von Beispielen zum Allgemeinen, durch die Erkennung und Anwendung von Mustern
- Vorhersagen über die Zukunft können anhand von Daten aus der Vergangenheit abgeleitet werden

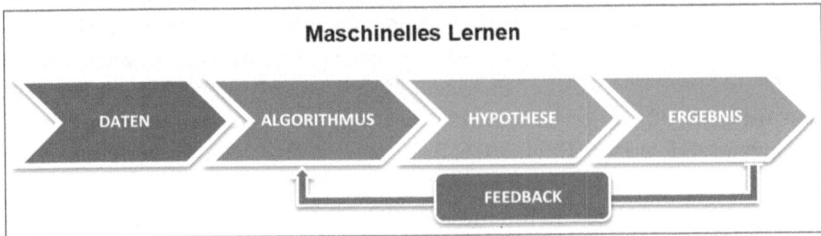

Abb. 2.1 Traditionelle Programme vs. Maschinelles Lernen. (Quelle: In Anlehnung an Wittpahl, 2019, S. 25)

2.5   Künstliche neuronale Netze

Künstliche neuronale Netze kombinieren die Struktur des menschlichen Gehirns mit einem Konstrukt aus Software- und Hardwarekomponenten. Die Orientierung am Aufbau des menschlichen Gehirns ist die Grundlage für die Architektur des Systems.

Viele gleichzeitig arbeitende Prozessoren sind dabei in mehreren Schichten angeordnet (vgl. Kreutzer & Sirrenberg, 2019, S. 5). In der ersten Schicht, der Eingabe, werden die Daten eingegeben und Berechnungen durchgeführt. Anschließend durchläuft der Datensatz ein Netz von Neuronen, welches die Werte analysiert, gewichtet und anschließend zu einem Schluss in der letzten Schicht kommt, der Ausgabe (vgl. Wittpahl, 2019, S. 31–33). Die Schichten zwischen Eingabe und Ausgabe (Zwischenschichten) werden auch Hidden Layers genannt. Jede Schicht gibt die verarbeiteten Daten an die nächste weiter, somit hat die jeweilige nachfolgende Schicht einen anderen Datensatz als die vorigen. Dies führt zu einer kontinuierlichen Weiterentwicklung, einem andauernden Lernprozess. Das heißt, je mehr Daten und vor allem unterschiedliche Daten den Prozess durchlaufen, desto präziser werden die Entscheidungen des Systems (vgl. Kreutzer & Sirrenberg, 2019, S. 5).

Vereinfacht erklärt werden zunächst auf der Eingabeseite die Daten eingegeben und durchlaufen dann die Hidden Layers oder auch versteckten Neuronen. Am Ende des Vorgangs kommen alle Neuronen zu einem gemeinsamen Ergebnis (vgl. Wittpahl, 2019, S. 30).

Abschließend lässt sich festhalten, dass künstliche neuronale Netze folgende Merkmale aufweisen (vgl. Pothen, 2018):

- Nachahmen der Funktionsweise des Gehirns, d. h. der Verknüpfung von Knotenpunkten
- Anwendung im Bereich der Mustererkennung
- Das System wird zuerst mit Beispielen trainiert und verbessert sich anschließend proportional zur Datenmenge bzw. mit der Anzahl an Durchläufen Deep Learning

2.6   Deep Learning

Eine weitere Form des Maschinellen Lernens ist das sogenannte Deep Learning, zu Deutsch tiefes Lernen, welches seit ca. 1995 als vielversprechendes Forschungsgebiet gilt (vgl. Scheuer, 2018, S. 5; Ertel, 2016, S. 300). Bei dieser Form des maschinellen Lernens werden große Datenmengen verarbeitet, um möglichst präzise und aussagekräftige Resultate zu erzielen (vgl. Kreutzer & Sirrenberg, 2019, S. 8). So liefert beispielsweise bei einem Bilderkennungsprogramm oder bei einem Chatbot nur eine große Datenmenge relativ gute Erkennungsquoten (vgl. Leven, 2018).

Die Datenmengen werden über verschiedene Schichten auf Grundlage von neuronalen Netzen verarbeitet (vgl. Scheuer, 2018, S. 5). Die Anordnung der Schichten dient der Mustererkennung durch KI und die Anzahl bestimmt die Komplexität der lösbaren Aufgaben. Anhand der verfügbaren Ressourcen des Deep Learnings ist es möglich, komplexe Aufgaben wie das Erkennen von Sprachen sowohl in Textform als auch in gesprochener Form zu lösen. Zusätzlich können Fotos und bewegte Bilder analysiert werden und daraus Schlussfolgerungen gezogen werden. Schwerpunkt des Deep Learnings ist also, mithilfe von neuronalen Netzen Zusammenhänge und Übereinstimmungen automatisiert zu erkennen. Dies geschieht auf Grundlage der vorab eingelernten Datenmengen (vgl. Buxmann & Schmidt, 2019, S. 123).

2.7   Sprachassistenten

Sprachassistenzsysteme sind digitale Programme bzw. Softwarelösungen, die auf das gesprochene Wort des Anwenders reagieren und je nach aufgetragener Aufgabe antworten bzw. reagieren. Es ist somit möglich, ein System mittels Sprachsteuerung zu benutzen (vgl. Brooimans & Eisenhofer, 2018, S. 341).

Beim Einsatz dieser Assistenzsysteme steht die Funktion als Assistent im Vordergrund. Das Sprachassistenzsystem soll die Interaktion mit Menschen vereinfachen und unterstützen. Es liefert auf Anfrage eine Vielzahl von unterschiedlichen Informationen und deckt dabei Bereiche wie das Wetter und Nachrichten ab oder es dient zu Unterhaltungszwecken beispielsweise für das Hören von Musik (vgl. Pöttinger, 2018).

Ein weiteres Einsatzgebiet ist die Anbindung an Funktionen im Haus, welche durch das System ebenfalls gesteuert werden und im Bereich des sogenannten Smart Homes zum Einsatz kommen. Obwohl der Assistent hauptsächlich zur Unterhaltung und als Informationsquelle dient, sollen in Zukunft verstärkt auch Bestellvorgänge ausführbar sein oder die Überwachung und Koordinieren des eigenen Terminkalenders (vgl. Buxmann & Schmidt, 2019, S. 79). Da die Systeme auf der Spracherkennung basieren, können sie durch diese in vollem Umfang verwendet und aktiviert werden.

Die Informationsausgabe geschieht entweder über Audiosignale in sprachlicher Form oder über eine grafische Darstellung. Das im Sprachassistenten eingebaute Mikrofon verarbeitet kontinuierlich Tonsignale, um permanent für eine Aktivierung durch den Nutzer bereit zu stehen (vgl. Buxmann & Schmidt, 2019, S. 81).

2.8   Chatbots

Ein Chatbot ist im Allgemeinen ein Programm, welches darauf ausgelegt ist, auf die vom Anwender eingegebene Nachricht in der jeweiligen Sprache möglichst adäquat und sinnvoll zu antworten (vgl. Khan & Das, 2018, S. 1). Somit wird ein Gespräch mittels Computersoftware künstlich nachgestellt bzw. der Gesprächspartner des Nutzers ist keine menschliche Person.

Das erste Chatprogramm bzw. der erste Chatbot mit dem Namen **ELIZA** wurde von Joseph Weizenbaum im Jahre 1966 entwickelt. Dieser Chatbot wurde für die Psychotherapie entwickelt (vgl. Khan & Das, 2018, S. 2). In der Therapie sollte ELIZA eine Therapeutin im Gespräch mit dem Patienten ersetzen bzw. nachstellen (vgl. Mainzer, 2019, S. 55). Mit diesen ersten Ansätzen hat ELIZA den Weg für die KI in die heutige Zeit geebnet (vgl. Buxmann & Schmidt, 2019, S. 64).

Die Kommunikation des Chatbots ist aber nicht auf den Austausch mit einer real existierenden Person beschränkt. Es ist ebenso möglich, eine Kommunikation unter Chatbots zu bewerkstelligen (vgl. Möbus, 2006, S. 71). Das System des Chatbots basiert auf einem Konstrukt aus Regeln, welche durch eine KI gegeben werden. Chatbots treten meist mittels Textform oder in sprachlicher Form mit dem Anwender in Kontakt (vgl. Khan & Das, 2018, S. 1). Ein Chatbot sollte – aufgrund des nicht vorhandenen Interessenkonflikts in Bezug auf die Wahl der Informationsquellen (vgl. Galitsky, 2019, S. 1) – idealerweise eine unabhängige Aussage über die gefragten Themen geben (vgl. Pöttinger, 2018).

2.9 Internet der Dinge/Internet of Everything

Als Internet der Dinge, kurz IOT (Internet of Things), wird im weitesten Sinne die Technologie bezeichnet, die es ermöglicht, Gegenstände miteinander zu vernetzen. Die KI wird oft mit diesem Begriff in Verbindung gebracht, gilt aber nicht als Voraussetzung für das IOT. Es finden sich vielmehr KI-Elemente in dieser Technik wieder (vgl. Djeffal, 2018, S. 8).

Gegenstände werden über das Internet miteinander vernetzt. Vom Internet of Everything wird gesprochen, wenn nicht nur Dinge, sondern auch Dienstleistungen, Prozessabläufe und unter anderem auch Lebewesen dem Netzwerk angehören (vgl. Kreutzer & Sirrenberg, 2019, S. 76), sich mit Menschen und untereinander vernetzen, sich austauschen oder einander Daten senden. Diese Technologie ist heute bereits in vielen Unternehmen und auch im alltäglichen Leben nicht mehr wegzudenken: Maschinen sind untereinander intelligent vernetzt und übernehmen Aufgaben, die früher von Menschen durchgeführt wurden. Beispielsweise werden leere Regale automatisch aufgefüllt oder Temperaturen in Wohnungen per App automatisch reguliert.

Die Reichweite des Internets of Everything erstreckt sich über Bereiche wie Daten, Menschen, Prozesse und Dinge, welche miteinander vernetzt sind. Sensoren oder Kameras zeichnen Messdaten aus ihrer Umgebung auf und senden diese per Funk an einen Rechner bzw. eine Cloud, wo sie mithilfe von KI analysiert werden. Die Analyse, Auswertung und Ansammlung der Daten stellt eine vielfältige und sinnvolle Aufgabe für KI dar (vgl. Pothen, 2018).

2.10   Big Data

Die KI ist abhängig von der ihr zur Verfügung gestellten Datenmenge bzw. dem Zugang zu diesen Daten. Der Begriff für eine große Datenmenge ist vielfach „Big Data" (vgl. Kreutzer & Sirrenberg, 2019, S. 79).

Big Data bezeichnet alle im IOT geschaffenen und verwendeten Daten. Da sich durch diese Anwendungen immer mehr Daten ansammeln und die Größe der Daten zunimmt, hat sich der Begriff Big Data etabliert (vgl. Mainzer, 2019, S. 159). Man nimmt an, dass alle zwei Jahre eine Verdopplung der Daten stattfindet. Die gewonnenen Daten bieten Unternehmen und Branchen sowie sozialen Medien und Suchmaschinen eine Vielfalt an Möglichkeiten, um gewinnbringend zu arbeiten und Entscheidungen zu treffen (vgl. Mainzer, 2019, S. 160).

Big Data wird nach Salzig mit fünf Vs beschrieben: Volume, Velocity, Variety, Validity und Value. Ursprünglich wurden drei dieser Merkmale definiert und anschließend durch Validity und Value ergänzt (vgl. Salzig, 2016). Das Volumen beschreibt hierbei die Menge der Daten, die zur Verfügung stehen. Der Begriff Velocity definiert die Schnelligkeit, in der die Daten erhoben, generiert, geprüft und ggf. gelöscht werden. Variety steht für die verschiedenen Ursprünge und Formate der Daten (vgl. Kreutzer & Sirrenberg, 2019, S. 79). Validity bezeichnet die Validität bzw. die Gültigkeit und Qualität. Mit dem letzten Begriff Value ist der Nutzen gemeint, den beispielsweise eine Unternehmung aus den Daten zieht (vgl. Salzig, 2016).

Bereits 2012 wurde ein rasantes Datenwachstum prognostiziert. Damals wurde davon ausgegangen, dass sich die Datenmenge bis heute um das 50-fache steigern wird (vgl. Gantz & Reinsel, 2012 S. 3).

Literatur

Brooimans, K., & Eisenhofer, A. (2018). *Handbuch Finanzinformationen: Der digitale Wandel und die nächste Generation von Finanzinformationssystemen.* FinanzBuch.

Buxmann, P., & Schmidt, H. (2019). *Künstliche Intelligenz. Mit Algorithmen zum wirtschaftlichen Erfolg.* Springer Gabler.

Djeffal, C. (2018). *Künstliche Intelligenz in der Öffentlichen Verwaltung.* Nationales E-Government Kompetenzzentrum.

Ertel, W. (2016). *Grundkurs Künstliche Intelligenz. Eine praxisorientierte Einführung* (4. Aufl.). Springer Vieweg.

Galitsky, B. (2019). *Developing enterprise chatbots – Learning linguistic structures.* Springer Nature.

Gantz, J., & Reinsel, D. (2012). THE DIGITAL UNIVERSE IN 2020: Big data, bigger digital shadows, and biggest growth in the far east. https://www.cs.princeton.edu/courses/arc hive/spring13/cos598C/idc-the-digital-universe-in-2020.pdf. Zugegriffen: 16. Juni 2022.

Kaplan, J. (2017). *Künstliche Intelligenz: Eine Einführung.* Mitp.

Khan, R., & Das, A. (2018). *Build better chatbots – A complete guide to getting started with chatbots.* Springer.

Kreutzer, R. T., & Sirrenberg, M. (2019). *Künstliche Intelligenz verstehen. Grundlagen – Use-Cases –unternehmenseigene KI-Journey.* Springer.

Lenzen, M. (2019). *Künstliche Intelligenz: Was sie kann & was uns erwartet* (3. Aufl.). Beck.

Leven, M. (2018). *The swot of artificial intelligence.* Vortrag auf dem 5. Marketing Symposium der Hochschule Darmstadt.

Mainzer, K. (2019). *Künstliche Intelligenz – Wann übernehmen die Maschinen?* (2. Aufl.). Springer.

Möbus, C. (2006). *Web-Kommunikation mit OpenSource.* Springer.

Pothen, B. (2018). Künstliche Intelligenz – Fluch und Segen zugleich. Vortrag auf dem 5. Marketing Symposium der Hochschule Darmstadt.

Pöttinger, M. (2018). *Einsatz von Speech Analytics bei einer Direktbank.* Vortrag auf dem 5. Marketing Symposium der Hochschule Darmstadt.

Raschka, S., & Mirjalili, V. (2018). *Machine Learning mit Python und SciKit-learn und TensorFlow – das umfassende Praxis-Handbuch für Data Science, Deep Learning und Predictive Analytics* (2. Aufl.). Mitp.

Salzig, C. (2016). Was ist Big Data? – Eine Definition mit fünf V. https://blog.unbelievable-machine.com/was-ist-big-data-definition-f%C3%BCnf-v. Zugegriffen: 17. Juni 2019.

Scheuer, A. (2018). *Digitalisierung und Künstliche Intelligenz in der Mobilität – Aktionsplan.* Bundesministerium für Verkehr und digitale Infrastruktur.

Urban, T. (2015). The AI revolution: The road to superintelligence. https://waitbutwhy.com/2015/01/artificial-intelligence-revolution-1.html. Zugegriffen: 16. Juni 2022.

Wittpahl, V. (2019). *Künstliche Intelligenz. Technologie | Anwendung | Gesellschaft.* Springer Vieweg.

Praxisbezogene Anwendungsfelder

3

In diesem Kapitel werden praxisbezogene Anwendungsfelder der KI aufgezeigt, beschrieben und erklärt. Wie in Kap. 1 bereits dargestellt wurde, hat die KI als Technologie einen weiten Entwicklungsweg bis hin zu den heute bekannten Anwendungen hinter sich. Die Vielfalt dieser Anwendungen spiegelt die Auswahl der Beispiele in diesem Abschnitt wider.

3.1 Marketing

Die Bedeutung und Nutzung KI nimmt auch im Marketing immer weiter zu. Insbesondere im digitalen Marketing sind KI-Anwendungen das alles beherrschende Trendthema. Nach einer Expertenbefragung aus dem Jahr 2018 glauben 80 % der Befragten, dass KI im Marketing wichtig sei, und sogar 87,5 % sind der Meinung, dass KI in diesem Bereich mehr eingesetzt werden sollte (vgl. Bünte, 2018, S. 8). Zur Zeit der Befragung haben allerdings nur 26 % der Befragten KI aktiv im Einsatz (vgl. Hein, 2018). Trotz geringen KI-Wissens planen deshalb zahlreiche Marketing-Verantwortliche, KI stärker zu integrieren. Bei der Frage, wo KI im Marketing schon eingesetzt wird, kam eine Untersuchung der Steinbeis Hochschule in Berlin zu den in Tab. 3.1 dargestellten Ergebnissen.

Die Untersuchung zeigt, dass KI aktuell vor allem im Bereich Consumer Insights sowie beim Dialog mit dem Kunden eingesetzt wird. Der Nutzen von KI ist dort besonders groß, wo große Datenmengen und viele Routinearbeiten anfallen und Algorithmen schneller und effizienter arbeiten, als Menschen es können. Ein Beispiel hierfür wäre die Analyse des Return On Investment (ROI) für Werbeausgaben in verschiedenen Kanälen. Das durch KI unterstütze System zeigt an, in welchen Kanälen der ROI aktuell am höchsten ist, und gibt konkrete Empfehlungen für Budgetumschichtungen (vgl. Janke, 2019, S. 50).

© Der/die Autor(en), exklusiv lizenziert an Springer Fachmedien
Wiesbaden GmbH, ein Teil von Springer Nature 2022
M. Neu et al., *Anwendungsfelder und Herausforderungen der Künstlichen
Intelligenz,* https://doi.org/10.1007/978-3-658-38891-1_3

Tab. 3.1 Größte Hilfe bei Consumer Insights. (Datenquelle: Janke, 2019, S. 48)

Wo KI im Marketing eingesetzt wird	Durchschnittliche Nutzung*
Bessere Erkenntnisse über Kunden generieren	4,08
Social-Media-Daten analysieren	3,98
Besser mit Kunden kommunizieren	3,73
Vom Kundenfeedback lernen	3,70
Schneller mit Kunden kommunizieren	3,69
Marketingeffizienz messen	3,60
Marketingeffektivität messen	3,47
Beste Botschaften je Kunde in der Werbung	3,41
Werbefläche kaufen	3,20
Produkte/Dienstleistungen optimieren	3,18

* Skala von 1 (keine Nutzung) bis 7 (volle Nutzung)

Für das Marketing generell gibt es zwar noch kein ganzheitliches Konzept zur Unterstützung aller Prozesse, aber durchaus schon einzelne Lösungen für spezielle Probleme in verschiedenen Aufgabenbereichen. Auf einige dieser Insellösungen soll im Folgendem eingegangen werden.

So wird KI bereits bei dem Online-Optiker Brille24 eingesetzt. Wenn Kunden irgendwo eine Brille sehen, die ihnen zusagt, können sie ein Bild mit dem Smartphone machen und auf der Plattform von Brille24 hochladen (vgl. o. V., 2019c). Algorithmen werten das Bild aus und schlagen dem Kunden vergleichbare Modelle aus dem Online-Shop vor. Eine weitere Anwendung hilft dem Kunden, seine optimale Brillengröße zu finden. Durch ein Selfie errechnet KI die sogenannte Pupillendistanz (vgl. o. V., 2019c, S. 30). Bisher führten diese Untersuchung Mitarbeiter und Mitarbeiterinnen durch.

Im Bereich der Marktforschung wurde vor einigen Jahren weltweit das System von Market Logic eingeführt (vgl. Market Logic Software AG, 2019). Das System soll helfen, wenn unterschiedliche Daten aus mehreren Quellen von verschiedenen Märkten verwaltet werden und jeweils mehrfach von verschiedenen

Mitarbeitern ausgewertet werden. Oft sind die Marktforschungsergebnisse an verschiedenen Orten und in verschiedenen Sprachen gespeichert und die Verantwortlichen wissen nicht, welche Daten vielleicht bereits woanders erhoben wurden. Das wiederum führt zu aufwendigen und teuren Doppelerhebungen. Genau da setzt das System an, indem alle erhobenen Daten an einem Ort gespeichert werden und ein zentraler Zugang weltweit eingerichtet wird. Das Besondere dabei ist, dass der Nutzer keine Information darüber erhält, in welcher Quelle, also in welchem Marktforschungsbericht, er die Antwort finden wird, sondern er erhält direkt die Antwort. Dabei ist laut Claudia Bünte die Suchanfrage selbst sehr benutzerfreundlich und mit der Oberfläche der Google Suchmaschine vergleichbar (vgl. Bünte, 2018, S. 18). Die Datenplattform generiert selbst Erkenntnisse inklusive einer aussagekräftigen „So what"-Metaanalyse aus Marktforschungsdaten mit einem lernfähigen KI-Algorithmus. Dieser Algorithmus wird von Experten von Market Logic trainiert, um die Qualität stets zu verbessern. Bei einem Klienten von Market Logic summierte sich durch den Einsatz des Systems eine Gesamtersparnis von 18 % des Marktforschungsbudgets aufgrund von Zeitersparnis, Reduktion von Duplikaten und Marktforschungs-Dienstleisterrabatten durch Bündelungen der Aufträge (vgl. Bünte, 2018, S. 17).

Wechselt man in den Marketingbereich der Angebotsoptimierung, findet man im E-Commerce nicht zuletzt aufgrund des starken Wettbewerbs auf nahezu jeder Produktseite zumindest die Möglichkeit, Artikel zu bewerten und entsprechende Kundenrezensionen durchzustöbern. Dabei gelten Kundenbewertungen als eines der wichtigsten Entscheidungskriterien im Kaufprozess. Der Onlinehändler Otto verzeichnete 2020/2021 durchschnittlich 1,9 Mio. Besucher pro Tag auf seinem Onlineshop www.otto.de (vgl. Channel Pilot Solutions GmbH, o. J.). Entsprechend viele Produktrezensionen gibt es pro Artikelseite, die einen potenziellen Käufer interessieren könnten. Das Unternehmen Otto setzt deshalb einen Machine-Learning-Algorithmus ein, der jeden Abend über eine Million Kundenrezensionen analysiert (vgl. Bünte, 2018, S. 19). Dieser Algorithmus identifiziert, ob eine Rezension positiv, negativ oder neutral ist, und ordnet sie in Gruppen mit gleichem Thema (vgl. Abb. 3.1).

Der Kunde kann folglich die Rezensionen nach Schlüsselwörtern filtern und sehen, wie viele positive, negative oder neutrale Bewertungen mit diesem Schlüsselwort geschrieben wurden.

Auch bei der Optimierung des Werbeauftrittes gibt es bereits KI-Lösungen. Die Ausgangslage bilden A/B-Tests, um die Conversion Rate durch eine optimierte Landing-Page zu erhöhen. Die dafür eingesetzte KI stammt von EyeQuant und analysierte zunächst Eye-Tracking-Studien, um darauf aufbauend Kernbestandteile einer Landing-Page festzulegen (vgl. WhiteMatter Labs GmbH, 2019).

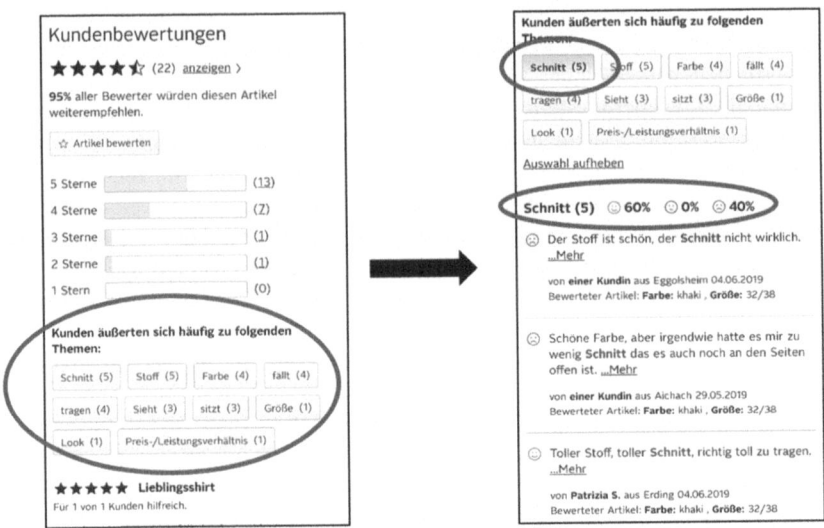

Abb. 3.1 Kundenbewertungen mit Filterfunktion bei Otto. (© Otto; Quelle: Otto, 2019)

Dieser erste Schritt erfolgte zunächst kundenunabhängig. Im zweiten Schritt identifiziert die KI auf Basis von Bildstatistiken der jeweiligen Klienten-Webseite
die aufmerksamkeitsstärksten Bereiche (vgl. Bünte, 2018, S. 22 f.). Als Ergebnis
erhält man eine Heatmap, aus der ersichtlich wird, welche Elemente der Landing-
Page bereits gut performen und welche nicht. Am Beispiel von Epson, Hersteller
v. a. von Druckern, erhielt die Landing-Page nur einen Klarheitswert (Punk-
tezahl zur Übersichtlichkeit) von zehn von insgesamt 100 möglichen Punkten.
Dies bedeutet, dass der Besucher womöglich überfordert ist mit der Fülle von
Informationen und Text auf dieser Seite. Epson führte daraufhin eine visuelle
Optimierung der Landing-Page durch mit dem Ergebnis, dass 20 % mehr Klicks
auf gewünschte Produkte erzielt wurden, die Conversion Rate ebenfalls um 20 %
anstieg und die Klicks auf den Funktions-Button „jetzt Kaufen" sich um zehn
Prozent erhöhten (vgl. Bünte, 2018, S. 22 f.).
  Für eine optimierte Kampagnenbudget-Allokation liefert Cosabella (Hersteller
für Dessous) mit einer KI namens Albert erste Ansatzpunkte. Anwendung findet
Albert bei dem Bedarf an Online-Kampagnen und einem gleichzeitig begrenz-
ten Werbebudget und Fachwissen bzgl. des Online-Kampagnenmanagements.
Die KI ist dabei in allen Online-Konten wie Google Analytics, Facebook und
Adwords integriert (vgl. Albert, 2018). Zunächst legt Cosabella KPIs, Budget

und Anzeigen-Visualisierungen fest (vgl. Bünte, 2018, S. 24 f.). Anschließend analysiert Albert das Userverhalten und findet Muster bei Such- und Kaufverhalten (vgl. Albert, 2018). Daraufhin optimiert er Kampagnen über A/B-Tests, ermöglicht Kanal- und ROI-Analysen, verbessert die Budget-Effizienz und verhandelt automatisch Media-Käufe (vgl. Bünte, 2018, S. 24 f.). Cosabella konnte dadurch bereits nach drei Monaten einige spürbare Erfolge erzielen (vgl. Albert, 2018):

- 12 % weniger Werbeausgaben,
- 225 % größerer Return on Advertising Spend,
- 20-mal höhere Verkäufe über Social-Media-Kanäle,
- 155 % mehr Umsatz.

Die teils hohen Prozentzahlen lassen sich durch die vergleichsweise niedrige Ausgangslage der Daten relativieren. Der Chief Executive Officer (CEO) Guido Campello verifizierte die Zahlen und merkte an, dass die KI bei der Auswahl der besten Produktbilder und -informationen, der stärksten Key-Adwords für Kampagnen und bei der allgemeinen Analyse des Status quo hilft, allerdings nicht geeignet sei, um Prognosen zu treffen, wie bspw. über zukünftige Modetrends (vgl. Bünte, 2018, S. 24 f.).

Ein weiteres sehr interessantes Anwendungsfeld bezieht sich auf die Optimierung von Werbespots. Hier werden die Reaktionen von Zuschauern anhand einer Analyse von Mikroexpressionen im Gesicht festgehalten, um sie anschließend auswerten zu können (vgl. Bünte, 2018, S. 21 f.). Durch die unmittelbare Beobachtung der Reaktion während des Abspielens des Werbespots kann der Nachteil einer nachträglichen Befragung eliminiert werden. Diese Analyse eignet sich daher zur Optimierung eines teuren Werbespots, bevor dieser geschaltet wird, um ggf. Anpassungen vornehmen zu können.

Der Kunde erhält zum einen die Ergebnisse einer klassischen Befragung (vgl. RefineAI, Inc., 2018). Bei dieser wählt der Zuschauer zu den Themen Story, Audio und Visuals jeweils einen positiven, neutralen oder negativen Smiley aus. Darüber hinaus gibt es innerhalb der klassischen Befragung noch ein qualitatives Feedback in Textform, bei dem die Zuschauer stichpunktartig notieren können, welche Elemente des Werbespots sie bereits gut oder noch schlecht finden. Zum anderen erhält der Kunde – neben den Ergebnissen der klassischen Befragung – das angesprochene emotionale Feedback. Dies teilt sich in drei Ergebnisse auf: die Emotional Analysis, das Emotional Feedback und die Key Moments. Mit der Emotional Analysis wird ein Balkendiagramm erstellt, das anzeigt, zu wie viel Prozent eine Emotion mit dem Werbespot insgesamt angesprochen wurde (vgl.

RefineAI, Inc., 2018). Dabei werden sieben Grundemotionen zugrunde gelegt: Freude, Überraschung, Traurigkeit, Wut, Verachtung, Ekel und Angst.

Darüber hinaus wird das Emotional Feedback erstellt, bei dem ersichtlich wird, welche Emotion in welcher Sekunde des Werbespots zu wie viel Prozent angesprochen wurde. Damit lässt sich auf die Sekunde genau überprüfen, ob der gewünschte Effekt der jeweiligen Szene erzielt wird und die richtige Emotion beim Zuschauer aktiviert wurde. Der Zeitraffer wird dabei auf der x-Achse dargestellt, die prozentuale Aktivierung auf der y-Achse, und die sieben Grundemotionen bilden die sieben Kurven.

Zuletzt erhält der Kunde noch seine drei Key Visuals. Die Key Visuals sind die drei Momente bzw. Sekunden des Werbespots mit dem höchsten Engagement und der größten Emotionsintensität. Auch hier kann wieder überprüft werden, ob die Key Visuals tatsächlich die vorher festgelegten relevanten Schlüsselmomente des Werbespots darstellen oder ob diesbezüglich Anpassungen vorgenommen werden sollten.

Auch bei der Kontrolle der Marketingplanung gibt es inzwischen Anwendungen für KI. Für die Sales-Optimierung kann eine KI bei einem Umfeld mit hoher Kauffrequenz, hohem Preisdruck und geringen Margen zum Einsatz kommen (vgl. Bünte, 2018, S. 26–28). Die KI von SO1 automatisiert dabei das Kampagnenmanagement, um somit die Kundenloyalität und die Promotion-Effizienz zu verbessern (vgl. SO1 GmbH, 2019). Für den Einsatz der KI definiert zunächst der Einzelhändler das taktische Ziel. Dies beinhaltet Kriterien wie die Auswahl der relevanten Produkte, maximaler Rabatt, Umsatzziel, Gewinnziel oder auch die Kundenzufriedenheit. Anschließend analysiert die KI von SO1 alle Kundendaten mit einem autonomen Verständnis für Produkteigenschaften, Filialsortiment, Produktverfügbarkeit, Konsumentenkategorien, Trends, Kundenpräferenz und Preissensitivitäten. Aus dieser Analyse leitet sie Verbraucherpräferenzen mit jeweiliger Zahlungsbereitschaft und Kaufwahrscheinlichkeit je Verbraucher und Produkt ab. Abschließend kann die KI nun dem Kunden individuelle Rabattcoupons anbieten je nach Verbraucher via Smartphone, Kundenkarte, Newsletter oder Brief (vgl. Bünte, 2018, S. 26–28). Zur Erfolgsmessung wurden die Rabatte der KI mit den Rabatten eines Expertenteams mit herkömmlichen Methoden verglichen. Das Ergebnis war, dass die Rabatte der KI (vgl. Bünte, 2018, S. 26–28)

- eine neunmal höhere Verbraucherakzeptanz hatten,
- 60 % Einsparungen realisierten im Vergleich zu den sonst gewählten Rabatten,
- 70 % mehr Angebotskäufe erzielten und somit 52 % höheren Umsatz (als die Vergleichsgruppe).

Auch diverse Funktionalitäten von Chatbots gehören zu den Anwendungsberei-
chen des Marketings. Da bei diesen eine Fülle von Anwendungsfelder besteht,
widmet sich Abschn. 3.6 den Chatbots.

3.2 E-Government

Innerhalb der 16 Länder der Bundesrepublik Deutschland gibt es rund 11.000
Kommunen. Um Verwaltungsabläufe miteinander zu vernetzen und Verwal-
tungsdienstleistungen zu digitalisieren, bietet sich der Einsatz von KI an.
E-Government bzw. KI-Software gelangt mithilfe von Algorithmen zu Erkennt-
nissen und Ergebnissen, die die Verwaltung effizienter machen sollen (vgl.
Capgemini, 2019).

Der Begriff E-Government beschreibt dabei den Einsatz von technologischen
bzw. digitalen Prozessen in der öffentlichen Verwaltung. Das Ziel ist es, Behörden
durch eine schnelle und einfache Gestaltung des Datenaustausches zu verbinden.
Dies umfasst sämtliche durch öffentliche Behörden abgewickelte digitale bzw.
elektronische Prozesse (vgl. Meier, 2009, S. 4).

An der Schnittstelle zwischen Bürgern, staatlichen bzw. kommunalen Institutionen, politischem Handeln und Technologie bietet die KI großes Potenzial
für den öffentlichen Sektor. In der von großen Datenmengen getriebenen Welt
bedeutet KI für Regierungen und öffentliche Einrichtungen eine Chance und Verpflichtung zugleich. Die Verpflichtung zur Datensicherheit ist dabei unerlässlich.
Nur so kann das KI-Potenzial im öffentlichen Sektor ausgeschöpft werden. Administrative Prozesse werden dabei intelligent automatisiert und es werden Einblicke
gewonnen sowie bessere Übersichten und bessere Entscheidungen ermöglicht, die
sich wiederum positiv auf den Bürger auswirken.

Die Einführung von KI ist unerlässlich, um mit neuen gesellschaftlichen und
industriellen Standards Schritt zu halten. Ob es um die Erkennung von Steuer-
hinterziehung, die Vorhersage von Straftaten oder die schnellere Zuteilung von
Sozialleistungen geht – KI hilft bei der Bewältigung öffentlicher Aufgaben. Insgesamt werden vor allem folgende Bereiche betroffen sein (vgl. Capgemini,
2019):

- Intelligente Automatisierung der öffentlichen Verwaltung
- Interaktion zwischen Bürgern und staatlichen Institutionen
- Erkennen von Anomalien
- Unterstützung von Entscheidungsprozessen.

Für die öffentliche Verwaltung ist es nicht einfach, Prozesse zu automatisieren und von lernenden Algorithmen durchführen zu lassen. Für zahlreiche Bürger hat sich zu dem Thema „KI in der Verwaltung" noch kein Vertrauen aufgebaut und sie können es sich kaum vorstellen, dass Verwaltungsentscheidungen von einer KI übernommen werden. Dennoch können öffentliche Institutionen im Rahmen einer „Corporate Digital Responsibility" den Bürger aufklären und Vertrauen aufbauen. Eine gut durchdachte KI-Governance kann beispielsweise als Basis für zukünftige Gesetzgebungen dienen, die den digitalen Wandel und das Gemeinwohl bestmöglich in Einklang bringen (vgl. Reinhardt, 2019).

Aus diesem Grund wird die Entwicklung vom Bürokratie-Modell von Max Weber aus dem Jahr 1920 bis hin zur vollkommen digitalisierten Verwaltung der Zukunft im Folgenden näher erläutert. Der Einsatz von KI erfolgt aufbauend auf den vorangegangenen Entwicklungsprozessen in der Technologie und Strukturierung des Verwaltungsapparates.

Das E-Government wird zur Verwaltung 4.0 und soll durch KI an Effizienz gewinnen. Zudem verspricht man sich durch die Digitalisierung von Prozessen und Abläufen neue Innovationen und Weiterentwicklungen. Wie bereits in den vorangegangenen Beispielen erläutert, ist es sinnvoll, mittels KI Zugriff auf viele Daten zu haben. Dies ist auch in der Verwaltung von großem Nutzen. Eine Vereinfachung und Vereinheitlichung der Datennetze untereinander erfordert im Gegenzug ein System, welches in der Lage ist, diese Daten zu analysieren und zu verarbeiten (vgl. Wittpahl, 2019, S. 124). Der Einzug der Computertechnologie zwischen 1970 und 2000 hat bereits eine grundlegende Modernisierung mit sich gebracht. Auf dieser Grundlage haben sich durch den technischen Fortschritt weitere Ausbaustufen wie das E-Government entwickelt. Später kamen erste Online- und Shared-Services hinzu.

In den Jahren seit 2016 erweitern weitere Digitalisierungsprozesse, wie Smart Cities, das Internet der Dienste und verwaltungsübergreifende E-Prozessketten das Verwaltungswesen. Auf diesen Digitalisierungsprozessen aufbauend kann schließlich eine KI in den Prozess eingebunden werden (vgl. Capgemini, 2019).

Es gibt drei unterschiedliche Arten des E-Governments, welche sich hinsichtlich ihrer Beziehungen zu den einzelnen angesprochenen Teilnehmern unterscheiden. Diese Teilnehmer sind Unternehmen, Bürger und andere Behörden. Je nachdem, unter welchen Teilnehmern kommuniziert wird, gibt es unterschiedliche Ansprüche. Wenn sich Behörden untereinander austauschen, wird dies Administration to Administration genannt, zu Deutsch Behörde zu Behörde oder kurz A2A. Eine einheitlich gestaltete Organisation der betroffenen Behörden ermöglicht den Austausch auch auf unterschiedlichen Ebenen der Behörden. Der Austausch von Behörden und Bürgern wird Administration to Citizen genannt, zu Deutsch Behörde zu Bürger oder kurz A2C. Eine Digitalisierung von Diensten ermöglicht dem Bürger, mit den Behörden auf verschiedenen Ebenen auf digitale Art und Weise in Kontakt zu treten. Dies betrifft sowohl Wahlen als auch Dokumente und öffentliche Instanzen. Wenn eine Behörde mit einem Unternehmen kommuniziert, wird dies Administration to Business genannt, zu Deutsch Behörde zu Unternehmen oder kurz A2B (vgl. Meier, 2009, S. 5). Bei dieser Art der Kommunikation werden Vorgänge, wie z. B. steuerliche Fragen, Registrierung neuer Unternehmen oder wichtige zu übermittelnde Daten an entsprechende Behörden, geklärt bzw. als Dienstleistung der Behörde für die jeweilige Unternehmung oder Organisation angeboten (vgl. Meier, 2009, S. 5).

KI könnte im Rahmen von Verwaltungsprozessen eingesetzt werden. Sie könnte mit einer Art „Vorprüfer" den Mitarbeitern zur Seite stehen. Insbesondere sogenannte „gebundene Entscheidungen" oder „gebundene Verwaltungsakte" sind für eine Automatisierung mittels KI geeignet, da sie einem eindeutigen und vorgeschriebenen Prüfprozess folgen. Bei diesem gibt es für die Behörden keinen Ermessensspielraum und sie sind verpflichtet, eine festgeschriebene Rechtsfolge einzuhalten. KI kann beispielsweise während der Durchführung eines Verwaltungsaktes Wahrscheinlichkeiten überprüfen oder die Auswirkungen getroffener Entscheidungen simulieren (vgl. Reinhardt, 2019).

Ein weiteres Beispiel stellt die Vermessung eines Grundstückes dar. Um für eine Großbaustelle eine Fläche von 16 Hektar zu vermessen, benötigt eine traditionelle Gruppe von Vermessungsingenieuren aus dem Vermessungsamt ca. eine Woche. Mit einer Drohne kann man dies in einem vollautomatisierten Flug innerhalb von acht Minuten erledigen, wobei die Drohne wesentlich exakter arbeitet als Menschen mit Nivelliergeräten und Messlatten (vgl. Ramge, 2018, S. 73).

Die öffentliche Verwaltung kann eine Vorbildfunktion in der Nutzung von KI einnehmen und zugleich mit den selbst gemachten Erfahrungen den gesetzlichen Rahmen für den Einsatz von KI festlegen. Wenn ein KI-System die Effizienz und Qualität der Prozesse steigert, wird bei den Bürgern Vertrauen für KI-Anwendungen aufgebaut (vgl. Pothen, 2018).

3.3   Wissenschaft

Die Wissenschaft und Forschung im Bereich der KI erstreckt sich über viele Einsatzgebiete, Fachbereiche und Branchen, welche im Detail in diesem Kapitel (Kap. 3) an prägnanten Praxisbeispielen erläutert werden. Der vorliegende Abschnitt soll einen weiteren Einblick bzw. eine Übersicht über weitere Forschungsfelder der KI geben und aktuelle Errungenschaften oder Ideen beleuchten.

KI wird u. a. auch im Bereich der **Computerspiele** und deren aufwendiger Gestaltung von virtuellen Umgebungen genutzt. Herkömmliches Gestalten und Entwickeln der 3D-Objekte basiert auf vorab erstellten Vorlagen mit Mustern, die die Umgebung später definieren. Ein weiterer Schritt ist es, ein System mit diesen Daten zu speisen und somit randomisierte Spielwelten zu erschaffen bzw. erschaffen zu lassen. Bei dieser Methode kommen jedoch nicht die Merkmale einer KI zum Tragen, weil bei der Umsetzung in festen und vorgegebenen Strukturen gearbeitet wird. Neue Ansätze werden durch das Einlernen von Systemen verfolgt. Hierzu macht man sich wiederum das Prinzip der neuronalen Netze zunutze, um durch bisherige Erfahrungen und gestaltete Umgebungen eine neue virtuelle Welt zu erschaffen. Verschiedene Merkmale der Gestaltung sind so für die KI zugänglich und ermöglichen es, diese in ein gewohntes Spielerlebnis umzusetzen. Die Maschine oder das System lernt durch das menschliche Vorbild und kann dadurch selbstständig gestalten. Ein ständiges Überprüfen der eigenen Vorgänge verbessert die Resultate stetig. Die Ergebnisse der Tests in diesem Einsatzgebiet helfen den Entwicklern und könnten einen Teil ihrer Arbeit sowohl vereinfachen als auch den Fokus auf andere Bereiche erhöhen (vgl. Gast, 2018).

Am Beispiel der Computerspiele wird weiterhin ein anderes Forschungsgebiet der KI untersucht. Dieses Gebiet befasst sich mit Anreizen und der Möglichkeit, dass KI selbst Interesse an verschiedenen Themen und dem Lernen hat. Diesbezüglich gilt es herauszufinden, wie man in einem System der KI den Anreiz dazu schafft und in welcher Form man dies umsetzen kann. Das Vorbild sind Computerspiele und deren System, Spieler zu belohnen. Dies geschieht beispielsweise durch Punkte, die nach Erfüllung von Aufgaben an den Spieler verteilt werden. Eine derartige Belohnung schafft gewisse Anreize, mehr zu spielen oder Aufgaben zu bewältigen. Dieses Prinzip soll auf die KI bzw. deren Funktionsweise übertragen werden. Ein Spieler, der wissbegierig ist, will somit gewissermaßen lernen, und eine KI, die diese Wissbegierde erhält, soll dies in der Theorie ebenso umsetzen. Das Vorbild ist in diesem Fall nicht nur die Funktionsweise von Belohnungssystemen, sondern auch der Mensch und der Grund, aus dem er Interesse an Wissen, Entwicklung und neuen Erkenntnissen. Menschen erhalten beispielsweise eine Vergütung für ihre Arbeit, was gleichzeitig eine motivierende Funktion hat. Ebenso wie erfolgreiche Arbeit positive Folgen hat, können Fehler negative Folgen haben. Die Maschine kann somit unterscheiden, ob die erledigte Arbeit zufriedenstellend ist oder nicht. Ziel der Forschung ist es, der KI mehr Dynamik zu geben und damit dem menschlichen Verhalten näher zu kommen. Wenn dies erfolgreich umgesetzt wird, könnte KI selbstständig Arbeit aufnehmen, wenn diese Arbeit aus menschlicher Sicht notwendig oder sinnvoll wäre. Dieser Prozess wird auch als verstärktes Lernen beschrieben (vgl. Pavlus, 2018).

Auch in der **Landwirtschaft** finden sich viele Beispiele, wie KI und intelligente Roboter eingesetzt werden können (vgl. Ramge, 2018, S. 74). Sowohl bei der Tierhaltung wie auch beim Pflanzenanbau greifen Begriffe wie Farming 4.0 oder Precision Farming. Dabei werden Drohnen mit hochauflösenden Kameras genutzt und die gewonnenen Daten wie beispielsweise Satellitendaten, Bodenkarten, digitale Geländemodelle, Temperatur, Niederschlag, UV-Belastung etc. mittels KI ausgewertet. Auf diese Art und Weise kann ganz gezielt erkannt werden, wo man stärker oder weniger stark düngen oder wässern muss oder wo beispielsweise Schädlinge bekämpft werden müssen (vgl. Leven, 2018). Dies steigert die Effizienz des Anbaus, führt zu besseren Ernten und kann weltweit dazu beitragen, den Hunger zu bekämpfen. Der zweiarmige Weinbauroboter Wall-Ye kann täglich bis zu 600 Reben schneiden und speichert gleichzeitig Daten zum Gesundheitszustand der Reben (vgl. Ramge, 2018, S. 74). Automatische Lenksysteme können Traktoren und Mähdrescher mit einer maximalen Abweichung von fünf Zentimetern steuern. Futterautomaten steuern die optimale Futtermenge und Melkroboter zapfen effizient und hygienisch die Milch und erheben genaue Daten über die Milchmenge und deren Qualität (vgl. Ramge, 2018, S. 74).

Da die Erhebung und Verarbeitung von Daten in der **Meteorologie** schon immer eine wichtige Rolle gespielt hat, ist der Einsatz von KI für eine präzisere Wettervorhersage naheliegend. Insbesondere gestiegene Rechnerkapazitäten und ein großes Datennetz haben dazu geführt, dass die Präzision der Vorhersagen stark verbessert wurde (vgl. Leven, 2018).

Darüber hinaus findet auch in der **chemischen Industrie** KI eine Anwendung und kann beispielsweise die Zusammensetzung von chemischen Verbindungen erkennen. KI kann wesentlich dazu beitragen, relevante Erkenntnisse für neue Stoffe zu finden. Dabei verspricht man sich sowohl eine große Anzahl an bisher unerforschten Verbindungen als auch eine erhebliche Verbesserung für den Faktor Zeit. KI könnte sehr schnell und sehr viele Stoffe erkennen und entsprechend erfassen. Die Datenbank über die bekannten Moleküle könnte sich dadurch stark vergrößern und den Forschern die wichtige Möglichkeit eröffnen, neue Erkenntnisse für andere Forschungsgebiete zu erhalten, wie z. B. innerhalb der Medizin (vgl. Mullard, 2018).

Ein weiterer Ansatz in der Forschung beschäftigt sich mit den Gefühlen bzw. Emotionen der Menschen, die durch **Musik** ausgelöst werden und einer KI, die diese analysiert. Dabei wurden Töne von Menschen anhand derer Emotionen kategorisiert. Die KI-Anwendung ist durch das Einlernen von Datensätzen mit diesen emotional eingestuften Tönen ebenfalls in der Lage, gesprochene Wörter oder Sätze anhand der Tonlage in emotionale Kategorien einzuteilen. Vielversprechende Forschung bestätigt auch die Adaption auf andere Bereiche, was auch „Transfer-Learning" genannt wird (vgl. Wolfangel, 2019).

Eine weitere naturwissenschaftliche Anwendung findet KI in der Erforschung von sogenannten „Hochtemperatur-Supraleitern". Dieses Forschungsgebiet gehört in den Bereich der **Physik** und KI könnten dabei helfen, den Forschern komplizierte Mechanismen vereinfacht darzustellen. Auch hier kann ein KI-System unterstützend arbeiten und den Forschern bei komplexen wissenschaftlichen Problemen Lösungswege aufzeigen (vgl. Gibney, 2018).

3.4   Finanzsektor

Auch die Finanzdienstleister arbeiten sehr intensiv daran, die Vorteile von KI zu nutzen und ihre IT-Systeme mit KI auszustatten (vgl. Handelsblatt GmbH, 2020). Von KI-unterstützten und selbstlernenden Computersystemen erhoffen sich Banken und Versicherungen vor allem eine Steigerung der Effizienz und des Ertrages. Einerseits wollen Finanzdienstleister angesichts der niedrigen Zinsmargen ihre Kosten senken, etwa indem sie Filialen schließen oder weniger Mitarbeiter in Callcentern einsetzen. Andererseits wollen sie ihre Kunden binden und ganz gezielt ansprechen – insbesondere, indem sie vorhandene Daten der Kunden wesentlich besser auswerten. So sind Experten davon überzeugt, dass der digitale Wandel in der Finanzbranche durch den Einsatz von KI noch viele Potenziale hat (vgl. Handelsblatt GmbH, 2020).

In den meisten Fällen arbeiten nicht die Finanzdienstleister selbst, sondern vor allem die großen Softwarehersteller daran, ihre IT-Standardprodukte für den Banking-Sektor mit KI-Anwendungen auszustatten. KI-gestützte Software unterstützt heute schon viele Finanzdienstleister beispielsweise darin, abwanderungsgefährdete Kunden zu erkennen (Churn-Analysen), dem Kunden individualisierte Konditionen anzubieten oder Kundenwünsche vorauszusagen. Hierzu bietet SAP mit seiner Leonardo-Produktpalette die sogenannten „Next-best-offer"-Funktionen an, d. h., dem Kunden soll das zu seinen Wünschen passende Produkt angeboten werden. Sopra Banking Software entwickelte einen „Robo Loan Officer", d. h. eine Art virtuellen Kreditberater, der Kunden in mehreren Sprachen via Text-Chat oder per Voice-Schnittstelle beraten kann. Der indische IT-Dienstleister Tata Consultancy Services (TCS) hat sich auf den Bereich Algorithmic Trading spezialisiert. Dieser automatisiert den Handel von Wertpapieren (vgl. Herrmann, 2018).

Die Anwendung von KI in der Finanzindustrie ist sehr unterschiedlich. Manche **Banken** befinden sich noch in der Entwicklungsphase und bieten etwa Produktempfehlungen auf der Basis von Zahlungsdaten und dem daraus abgeleiteten Verhalten der Kunden an. Andere Finanzdienstleister binden heute schon Robo-Advisor oder Sprachassistenten wie Amazons Alexa oder Google Home ein. Einen Blick in die Zukunft liefert das digitale Asset- und Wealth-Management. Zur Digitalisierung der Anlage- und Vermögensberatung gehören digitale Research Tools, Online Brokerage, Social Communities und Crowdinvesting sowie Robo-Advisors. Der Kunde gibt entsprechende Daten in seinen Rechner ein, wie z. B. Anlagewunsch, Risikobereitschaft, finanzielle Verhältnisse und Vorkenntnisse, und das Programm schlägt ein Portfolio vor (vgl. Pothen, 2018).

Robo-Adivsor sind eigentlich Beratungsmaschinen, die mittels Internet mit dem Kunden kommunizieren und darauf aufbauend individuelle Finanzprodukte anbieten. Auf einer Internetseite oder einer App werden zunächst einmal Kundendaten abgefragt, wie etwa Risikopräferenz, Anlagevolumen und Vorkenntnisse. Dementsprechend wird für jeden Kunden ein Risikoprofil erstellt und ein entsprechendes Anlageprofil zugeordnet. Gibt der Anleger dementsprechend seine Risikopräferenz an, erhält er ein automatisch generiertes und global diversifiziertes Portfolio mit Aktien, Anleihen, ETFs und Fonds, ggf. auch Rohstoffe und Immobilien (vgl. Herrmann, 2018).

Auf der Basis der aktuellen Risikoeinschätzung entscheiden Algorithmen über die jeweilige Zusammensetzung des Depots. Entweder investiert der Robo-Advisor in klassische börsennotierte Indexfonds (ETFs) und hält die Zusammensetzung des Depots konstant oder er agiert wie ein klassischer Fondsmanager und setzt auf einzelne Titel. Marktführer ist in Deutschland mit 50.000 Kunden und über 2 Mrd. EUR verwalteten Vermögen das in München ansässige Unternehmen Scalable Capital (vgl. Scalable Capital Vermögensverwaltung GmbH, 2020). Auch klassische Banken bieten Robos an. Beispiele sind Robin von der Deutschen Bank, Cominvest von der Commerzbank-Tochter Comdirect, Bevestor von der Deka aus der Sparkassengruppe und Visualvest von der genossenschaftlichen Union Investment (vgl. Handelsblatt GmbH, 2020).

KI kann auch im Bereich des klassischen IT-Managements eingesetzt werden. Der Finance-Spezialist EdgeVerve hat mittels KI eine Preventive-Maintenance-Lösung entwickelt, die rechtzeitig drohende Fehler oder Störungen im IT-Betrieb erkennen soll und Gegenmaßnahmen einleitet (vgl. Herrmann, 2018).

Auch in der **Versicherungsbranche** wird verstärkt auf KI gesetzt. Als große Datensammler haben die Versicherer die besten Voraussetzungen für die neue

Technologie, die enorme Kosteneinsparungen bringen kann – wie beispielsweise in der Betrugsabwehr, der Schadenabwicklung und im Service. Auch für Kunden hätte das Vorteile – die Bearbeitung dürfte viel schneller gehen. Nur 48 h bis zur Auszahlung der Ansprüche sind das Ziel bei der Deutschen Familienversicherung (vgl. Knoll, 2016). Die Kostenquote der Schadenversicherer könnte nach Schätzung von Experten um fünf bis zwölf Prozent sinken. Viele Versicherungsunternehmen nutzen noch traditionelle Technologien und Prozesse und können die Vorteile vorhandener Daten nur unzureichend ausschöpfen. So dauert es bei einigen Versicherungsunternehmen aktuell noch fast einen Monat, bis ein Interessent die Entscheidung hinsichtlich einer Lebensversicherung erhält. Die Ursachen sind sehr oft langatmige und arbeitsintensive sogenannte „Underwriting-Prozesse". Mithilfe von KI, die Erkenntnisse aus bereits bestehenden Daten einbezieht, können solche Prozesse enorm beschleunigt werden (vgl. Knoll, 2016).

Die neuen KI-Superrechner, mit denen ein Vertragsabschluss unter einer Minute und eine Schadensregulierung in wenigen Sekunden möglich ist, erledigen viele Tätigkeiten wesentlich schneller und deutlich günstiger. Dabei sind auch viele Arbeitsplätze der klassischen Assekuranz-Sachbearbeiter gefährdet, weil stark regelbasierte Tätigkeiten leicht automatisiert werden können. In der Versicherungsbranche ist aktuell der größte Einsatzbereich die Automatisierung von einfachen, heute noch weitgehend manuellen und standardisierten Tätigkeiten. Experten sehen hier Kosteneinsparungspotenziale von etwa 30 bis zu 75 %. Aber auch komplexe Prozesse wie die Schadensaufnahme und -bearbeitung könnten von KI unterstützt werden. So könnte in einer abgebrannten Fabrikhalle ein Roboter der Versicherung den Schaden aufnehmen und sich durch die Trümmer bewegen, während eine Drohne den Schaden aus der Luft umfassend scannt. Anschließend werden die Daten an ein KI-System übertragen, anhand der vorhandenen Datenbasis wird der Schaden interpretiert und es wird eingeschätzt, wie hoch der entstandene Schaden ist. Dies wurde in der Vergangenheit überwiegend von Menschen durchgeführt. Heute unterstützen entsprechende KI-Systeme nicht nur Mitarbeiter und Mitarbeiterinnen, sondern ersetzen auch deren Jobs. Gerade in der Versicherungsbranche bieten sich hierzu vielfältige Möglichkeiten (vgl. Pothen, 2018).

Somit kommen mit dem Megatrend KI auch auf die Versicherungsbranche in den kommenden Jahren gravierende Veränderungen zu. Große Versicherungskonzerne wie Axa und Allianz beobachten diese Entwicklung (vgl. Knoll, 2016). Insbesondere in der Finanzbranche ist bei neuen Technologien wie beim Einsatz von KI eine gewisse Vorsicht angebracht. Eine große Gefahr besteht darin, dass die analysierten Daten in falsche Hände kommen oder Algorithmen zum Nachteil von Kunden programmiert werden.

3.5 Militär

KI findet sich nicht nur in Dienstleistungen oder Produkten wieder, sondern auch im Militär und in den damit verbundenen Waffen. In diesem Feld wird von zahlreichen Nationen viel Forschung betrieben (vgl. Kreutzer und Sirrenberg, 2019, S. 257). Der Einsatz von KI soll vor allem die Effektivität und Effizienz von militärischen Maßnahmen steigern. Darunter fallen u. a. Waffen- und Führungssysteme sowie Systeme der Personal- und Materialwirtschaft. Vor allem administrative Tätigkeiten (z. B. Stabstätigkeiten) dürften in Zukunft durch KI-Anwendungen ersetzt werden. Dies beinhaltet beispielsweise die Planung von Aufklärungsflügen oder die Organisation von Logistik. So hat das US-Militär bereits KI-unterstützte Lastwagen für den Nachschub eingesetzt, in denen lediglich das führende Fahrzeug bemannt ist (vgl. Pothen, 2018).

KI wird darüber hinaus vor allem bei autonomen Waffensystemen und in der sogenannten Lagebeurteilung eingesetzt. Während automatisierte Waffensysteme bestimmte militärische Aktionen auf der Grundlage von durch Menschen programmierten Befehlen durchführen (z. B. Seeminen), führen autonome Waffensysteme komplexe militärische Aktionen eigenständig und ohne menschliche Einflussnahme aus. In der Lagebeurteilung sollen Konflikte mithilfe von KI frühzeitig erkannt, bewertet und entsprechende militärische Strategien vorgeschlagen werden. KI-Systeme sollen erkennen, ob ein feindlicher Raketenangriff droht, und dann Vergeltungsschläge vorbereiten und ausführen (vgl. Leven, 2018).

Die Techniken, die KI-Systeme nutzen, basieren auf einer Mustererkennung, auf maschinellem Lernen und Prognosen aufgrund signifikanter statistischer Zusammenhänge. In jedem autonomen Waffensystem ist ein KI-System für die Lagebeurteilung implementiert. Dies schätzt die gegnerischen Kräfte anhand bestimmter Rohdaten ein. Bisher werden diese Rohdaten noch im digitalen zentralen Gefechtsstand ausgewertet. Das Lagesystem unterbreitet dann Handlungsempfehlungen, die ein Offizier noch freigeben muss. Dabei kann nicht ausgeschlossen werden, dass sich ein Konflikt verselbstständigt (vgl. Welchering, 2019a).

Das Erkennen von Mustern durch KI kann z. B. dabei helfen, Fahrzeugtypen zu erkennen und von zivilen Fahrzeugen zu unterscheiden. Die deutsche Bundeswehr verfolgt bereits den Ansatz, KI in der Ausbildung zu nutzen.

KI-Systeme sind militärisch interessant für Aufklärungseinsätze, Robotertechnik und eigenständig agierende Waffen. Insbesondere die Großmächte China,
Russland und USA investieren in den Ausbau der KI für das eigene Militär (vgl.
o. V., 2019a). Es entsteht bereits eine Art des digitalen Wettrüstens. Dies zeigt
die aktuelle Relevanz von KI in der allgemeinen Militärtechnik (vgl. Welchering,
2019a).

Die USA streben an, auch in diesem Bereich Technologieführer zu sein.
Die Anwendung soll v. a. in der Einsatzplanung liegen, da mithilfe von durch
KI analysierten Bildern das Risiko sowohl für eigene Truppen als auch die
zivile Bevölkerung verringert wird. Die Systeme können Bildinformationen nutzen, um aus einer Stellung oder aus einem Fahrzeug eine Objekterkennung
und Klassifikation von Objekten bzw. Situationen vorzunehmen. Darüber hinaus
sollen Wartungsarbeiten durch die KI sicherer gemacht werden, indem der Ver-
schleiß oder Ausfall wichtiger Bauteile frühzeitig erkannt wird und vorbeugend
entsprechende Maßnahmen eingeleitet werden können (vgl. o. V., 2019b).

Der Experte für Netzwerke in der US Army, Alexander Kott, erklärt die Veränderungen anhand eines Szenarios eines zukünftigen Kriegsschauplatzes. Die Idee
der miteinander verbundenen militärischen Technologien stammt dabei aus dem
Internet of Things (vgl. Kott & Stump, 2019; Krempl, 2018). Im Folgenden werden weitere Einsatzgebiete der KI im Militär anhand von konkreten Beispielen
aus der Praxis gezeigt.

3.5.1 Drohnen

Ein Einsatzgebiet der KI ist im Bereich der Drohnentechnologie. Diese Drohnen
können dank ihres intelligenten Systems eigenständig fliegen, landen und durch
die automatische Erkennung des Ziels selbstständig dorthin gelangen. Dabei ist
die Drohne jedoch nicht vollkommen unabhängig in ihrer Entscheidung. Die end-
gültige Ausführung des Auftrages muss vorher durch einen Menschen autorisiert
werden.

Diese Befehlsvergabe durch den Menschen könnte in Zukunft aber vollkommen von der KI übernommen werden. Das System kann in sehr kurzer Zeit
analysieren und erkennen, ob das gewählte Ziel den vorgegebenen Angaben entspricht und auf dieser Grundlage ebenso schnell eine Entscheidung treffen (vgl.
Podbregar, 2018). In der Bundeswehr plant man ebenfalls einen Einsatz von
Drohnen zum Zwecke der Aufklärung. Eine große Anzahl kleiner Drohnen soll
über ein Gebiet fliegen, dort multispektrale Bilder aufnehmen und mithilfe von

KI weitere Informationen in einer Datenbank zusammenführen (vgl. Borchers, 2019).

3.5.2 Roboter

Im Unterschied zu den Drohnen werden Roboter im militärischen Einsatz nicht teilweise durch einen Menschen gesteuert oder befehligt, sondern agieren vollkommen autonom. Zudem sind Roboter nicht für den Einsatz in der Luft, sondern am Boden gedacht. Die Robotertechnologie mit entsprechender KI soll den Menschen bzw. Soldaten im Gefecht ersetzen (vgl. Moritz, 2019).

Ein Beispiel für einen solchen Roboter ist der sogenannte SGR-A1 der Firma Samsung. Dieser Roboter ist für die Patrouille zwischen Südkorea und Nordkorea zuständig und erkennt durch verschiedene Sensoren, wenn sich ihm etwas nähert. Bevor der Roboter sein erkanntes Ziel angreift, warnt er dieses und nach 30 s schießt er. Die Sensoren ermöglichen es, auch weit entfernte Ziele bis über drei Kilometer ausfindig zu machen (vgl. Claudi, 2015).

Weitere militärische Einsatzgebiete sind beispielsweise autonome U-Boote, Minenräumungsassistenten oder auch der Schutz vor Angriffen aus dem Internet. Die zunehmende Gefahr durch schädliche Computer-Programme ist ebenso Bestandteil der KI wie auch die eigene Nutzung der KI, um feindliche Systeme zu infiltrieren. Dabei sollen Schwachstellen mittels KI automatisch erkannt und ausgenutzt werden (vgl. Welchering, 2019b). Im Vordergrund stehen vor allem der Schutz und die Sicherheit der eigenen Soldaten (vgl. Kräußlich, 2019; Kreutzer und Sirrenberg, 2019, S. 258).

KI-Systeme können in zahlreichen militärischen Anwendungen eingesetzt werden. Dabei ist aber im internationalen Kontext ein sorgfältig abgesteckter politischer und rechtlicher Rahmen zwingend erforderlich (vgl. Pothen, 2018).

3.6 Chatbots

Um den Dialog mit Kunden weiter zu verbessern, werden heute in zunehmendem Umfang sogenannte KI-gesteuerte Chatbots (auch Bots oder Voice-Agenten genannt) eingesetzt. Der Begriff Chatbot setzt sich aus den beiden Begriffen „Chat" für „Plausch/Plaudern" und „Bot" als Kurzform von „Roboter" zusammen. Die heutigen Chatbots basieren auf Entwicklungen erster Sprachcomputer wie ELIZA und A.L.I.C.E (Artificial Linguistic Computer Entity) (vgl. Kunz, 2018).

Heutige Chatbots werden als Weiterentwicklung dieser Chatbots angesehen und sind zu einem großen Teil mit KI ausgestattet (vgl. Kunz, 2018). Der Fortschritt von Sprachprogrammen wird auch dadurch verdeutlicht, dass immer stärker Sprachassistenten wie beispielsweise IBMs Watson, Apples Sprachassistent „SIRI" und Amazons Audiogerät „Alexa" eingesetzt werden. Durch die Öffnung der Schnittstelle API (Application-Programming-Interface) gelang es, Softwaresysteme in andere Programme einzubinden. Damit kann man Daten und Inhalte des Chatbots zwischen Programmen austauschen und weiterverarbeiten. Dies ermöglicht den Einsatz von Chatbots auch in sozialen Netzwerken.

Es können in der Regel zwei Varianten unterschieden werden:[1]

- Textbasierte Dialogsysteme (TTT)
- Sprachbasierte Dialogsysteme (STS)

Bei den ersten Varianten von Chatbots handelte es sich um rein **textbasierte Dialogsysteme (TTT),** bei denen Kunden mit einem technischen System chatten. Hierzu wird jeweils ein Bereich zur Texteingabe und ein Bereich zur Textausgabe angeboten. Es handelt sich somit um eine natürliche, geschriebene Sprache, die anfänglich noch mit vielen Fehlern behaftet war.

Eine besondere Form von TTTs stellen die sogenannten Social Bots dar, die in den sozialen Medien von einem Account aus operieren. Sie erstellen Texte und Kommentare und können Inhalte liken und weiterleiten. Sofern sie einen direkten Dialog mit Nutzern führen, entspricht dies der Funktion eines Chatbots. Darüber hinaus analysieren Social Bots Post und Tweets und werden automatisch aktiv, wenn bestimmte Begriffe auftauchen.

Solche Chatbots dienen zum einem dazu, alltägliche Fragen der Nutzer zu beantworten. Dies ist als Ergänzung zu den oft vorhandenen FAQs zu sehen. So kann der Nutzer ohne große Mühe Informationen erhalten. Bei einem Chat mit einem Hotelportal würde der KI-basierte Bot Hunderte von Quellen analysieren, um die besten Hotelangebote zu finden. Dieser Chatbot wird im sogenannten Second Level von persönlichen Mitarbeitern unterstützt, die ebenfalls über Chat erreichbar sind.

Chatbots können aber auch von sich aus auf den Kunden zugehen, indem sie bei definierten Fällen aktiv werden. Dabei werden für den Kunden relevante Informationen mit dem Konzept der Marketing-Automation und KI-Algorithmen zum richtigen Zeitpunkt an den Kunden weitergeleitet. So könnte ein Kunde eines Fitness-Studios nach vierwöchiger Abstinenz eine Nachricht erhalten, dass

---

[1] Vgl. zu diesen und den folgenden Ausführungen Kreutzer (2020).

ein neues Kursangebot zur Verfügung steht. Bestimmte gleichartige Informationen eines Anbieters können somit entweder an alle oder nur an bestimmte Kundensegmente versandt werden (vgl. Kunz, 2018).

Chatbots, die nicht mit Texten, sondern mit gesprochener Sprache arbeiten, nennen sich **sprachbasierte Dialogsysteme (STS)**. Die Dialoge ähneln einem direkten Kundengespräch. Der Kunde kennt diese Gesprächsform zum Teil aus seinem persönlichen Umfeld. In einigen Haushalten finden sich bereits digitale persönliche Assistenten, wie z. B. Alexa, Bixby, Cortana, Google Assistant und Siri. So verwundert es nicht, dass mehr und mehr Unternehmen ihre Chatbots zu einem Conversational Interface weiterentwickeln. Die Sprachein- und -ausgabe erfolgt nicht durch Text sondern nur durch gesprochene Dialoge (vgl. Kreutzer, 2020).

Chatbots können heute bereits kleinere Dialoge führen und sind vor allem lernfähig. Die KI Watson von IBM besiegte bereits im Jahr 2011 in der US-amerikanischen Quizshow Jeopardy, bei der es darum geht, als Erster eine passende Frage zur vorgegebenen Antwort zu formulieren, zwei Champions (vgl. Best, 2013). Zu unterscheiden ist bei Chatbots zwischen Sprachassistenzen und Sprachdialogsystemen. Sprachassistenzsysteme führen zu einer weniger freien Gesprächsführung und einem weniger komplexen Dialogmanager (vgl. Sieber, 2019, S. 79–82). Der Fokus der Sprachassistenzsysteme liegt weniger auf dem Content als auf klar umrissenen Funktionalitäten wie Produktbestellungen, Bonitätsprüfungen oder der Zahlungsabwicklung (vgl. Brooimans & Eisenhofer, 2018, S. 341). Der Übergang zwischen den beiden Chatbot-Systemen ist allerdings fließend. Durch die zahlreichen Anwendungsfelder der Chatbots lassen sich diese in verschiedene Kategorien einteilen wie Homebots, Superbots, Corporate Bots, Medienbots, Beziehungsbots und Identity-Bots, auf die nun eingegangen werden soll.

3.6.1 Homebots

Durch die Verbreitung von WLAN in vielen Haushalten ist der Internetzugang in nahezu allen Bereichen der Wohnung möglich. Viele technische Geräte kann man dadurch mit einem Dialogsystem, den sogenannten Homebots, steuern. Beispiele dafür sind die Steuerung der Heizung, Alarmanlage, Staubsauger, Lampe, Rollläden oder des Home-Entertainment-Systems mit Musik und Fernseher. Dabei entsteht der richtige Nutzen erst mit ausreichender Content-Menge (vgl. Sieber, 2019, S. 85–89), d. h., eine ausreichend große Datenmenge muss zur Verfügung stehen. Beispielsweise liefert der Kühlschrank nicht nur die Information, welche Produkte verbraucht wurden, sondern er empfiehlt auch, welche Produkte demnächst ablaufen und gegessen werden müssen. Darüber hinaus schlägt er auch Rezepte vor, erstellt daraus Einkaufslisten und empfiehlt ein Erklärvideo zur Zubereitung des Gerichtes (vgl. BSH Hausgeräte, 2016).

Der Dialogroboter Mykie von Bosch Siemens Hausgeräte hatte Stand Juni 2021 die kritische Datenmasse noch nicht erreicht und ist dadurch mit zu wenig Informationen ausgestattet. Um diese Problematik zu bewältigen, könnten Content-Kooperationen die Lösung sein, da der gesamte Erfolg vom Vernetzungsgrad der Roboter abhängt (vgl. Sieber, 2019, S. 88).

Homebots gehören neben Superbots zu den Elementen eines Smart Homes.

3.6.2 Superbots

Superbots sind Dialogroboter der digitalen Plattformökonomie. Die digitalen Plattformen fügen viel Content zusammen, um sie für eine große Zielgruppe verfügbar zu machen, und besitzen bereits eigene Sprachtechnologien wie Alexa, Siri, Google Assistant oder Cortana. Im Vergleich zu den Homebots übernehmen die Superbots eher die Rolle eines Voice Personal Assistants (VPA), eines digitalen Butlers (vgl. Sieber, 2019, S. 90). Die digitalen Butler sind durch Stimme und Text ansprechbar, können ihre eigene Sprachfähigkeit kontinuierlich ausbauen und sich den Vorlieben des Nutzers anpassen. Der Nutzen steigt auch hier durch einen ansteigenden Vernetzungsgrad von Smartphone, Tablet, PC, Smartspeaker, -brille, -armband etc. und eine hohe Datenverfügbarkeit. Aktuell lassen sich beispielsweise folgende Funktionen mit einem VPA realisieren: Auskunft des Wetterberichtes, Informationen aus dem Internet einholen (z. B. aus Wikipedia), Wecker und Erinnerungen programmieren, To-do- und Einkaufslisten verwalten, Musik abspielen, Hörbücher vorlesen, Videos abspielen, Online-Einkäufe tätigen oder auch die Verknüpfung mit der Hausinfrastruktur wie Licht und Heizung (vgl. McLaughlin, 2019). Hier wird der fließende Übergang zu den Homebots ersichtlich. Bei weiterer Vernetzung der Geräte und ansteigender Datenverfügbarkeit wird es in Zukunft noch jede Menge weiterer Funktionen geben wie beispielsweise die Abfrage des Kontostandes, das Verwalten der E-Mails, die Bezahlung einer Stromrechnung oder das Abfragen des Lebensmittelbestandes (vgl. Sieber, 2019, S. 89–94). Der VPA weiß, sieht und hört alles und lässt sich auch über das Smartphone erreichen, wenn der Nutzer nicht zu Hause ist. Bis 2022 sollen laut Schätzungen die Hälfte der US-amerikanischen Haushalte mit Smartspeakern und somit mit VPAs ausgestattet sein (vgl. Jones, 2018).

3.6.3 Corporate Bots

Ein weiteres Anwendungsfeld für Chatbots ist im Unternehmenskontext anzusiedeln, die sogenannten Corporate Bots. Corporate Bots können helfen, den Kunden besser zu verstehen. Mit der Einführung und Verbreitung des E-Commerce ist der persönliche Kontakt in den Hintergrund gerückt. Mit Chatbots wird ein vom Kunden wahrgenommener 1:1-Kontakt wieder möglich. Aus diesem Grund haben bereits viele Markenwebseiten einen Chatbot bzw. einen Corporate Bot integriert, um ihren Kunden einen besseren Service anzubieten. Die Bots können Anfragen des Kunden verstehen, Daten und Informationen für den Kunden recherchieren und Antworten selbstständig formulieren. Dadurch, dass sie dabei selbstständig lernen, nie schlafen, hohe Nutzerzahlen abarbeiten und Daten über Nutzer generieren können, haben sie viele Vorteile (vgl. Sieber, 2019, S. 89–94). Die Corporate Bots lassen sich noch weiter unterteilen.

Da die Corporate Bots im Customer Service eingesetzt werden, sind diese starke Konkurrenz zum Callcenter-Markt, der europaweit Millionen Beschäftigte hat. Die Bots werden gerne aufgrund der bereits erwähnten Vorteile und v. a. auch wegen der Verkürzung der Wartezeiten für den Kunden eingesetzt, da dies insgesamt zur Optimierung von Kosten und Servicequalität führt. Allerdings gibt es zurzeit auch noch Nachteile der Bots. Je nach Bot können Verständnisprobleme auftauchen und Emotionen sind nicht platzierbar. Bei Philips und Microsoft wurde diesbezüglich eine Lösung gefunden, indem der Bot den Dialog mit dem Nutzer startet, und wenn es zu Verständnisproblem kommt, gibt der Bot das Gespräch mit der Information des aktuellen Standes an den Menschen ab (vgl. Puscher, 2017). Insgesamt ist es noch ein schmaler Grat zwischen Service- und Kostenoptimierung und dem Hervorrufen von Kundenärger, den es abzuwägen gilt.

E-Commerce-Bots

Auch die E-Commerce-Bots gehören zu den Corporate Bots. Bei E-Commerce-Bots handelt es sich um automatisierte Verkaufsassistenten, mit denen zurzeit viele Unternehmen experimentieren (vgl. Sieber, 2019, S. 97 f.). Mit ihnen werden Facebook oder auch WhatsApp zur Verkaufsarena und eine eigene Webseite oder App wird überflüssig (vgl. Westerheide, 2016). Der Kundenkontakt soll direkt dort stattfinden, wo sich der Kunde ohnehin aufhält. Ein Beispiel hierfür ist Mildred von der Deutschen Lufthansa (vgl. Sieber, 2019, S. 97 f.). Mildred sucht dem Nutzer Flugverbindungen und alle relevanten Informationen hierfür heraus. Der Nutzer kann dann anschließend auf den Button „Hier buchen" klicken, damit sich die mobile

Version des Online-Buchungssystems öffnet. Dort können die eigenen Angaben bei
Bedarf noch einmal verfeinert und dann abschließend bestätigt werden.

Banking-Bots
Zuletzt werden nun noch die Banking-Bots als Unterkategorie der Corporate
Bots betrachtet. Immer mehr Banken in der Finanzdienstleistungsbranche setzen
ebenfalls auf Bots für die Abwicklung von Standardfragen. Die Standardfragen
können sich auf eine Informationsauskunft zum Kontostand, zu Kontodetails,
Transaktionen, Darlehensbedingungen oder auf Passwortänderungen beziehen (vgl.
Marous, 2018). Darüber hinaus werden die Informationen auch an den zuständi-
gen Servicemitarbeiter weitergeleitet. Dies ermöglicht neben einem verbesserten
Serviceangebot ebenfalls enorme Einsparungen für die Banken.

In Asien und in den USA werden heute schon nicht selten ganze Transaktionen
nach dem Motto „überweise Paul Schmidt 6,70 $" mit den Banking-Bots durch-
geführt (vgl. Sieber, 2019, S. 98 f.). Eine Überweisung mithilfe eines Bots ist in
Deutschland jedoch noch nicht sehr verbreitet. Dennoch wird für die Zukunft bereits
eine Weiterentwicklung der Banking-Bots für Standardfragen zu sogenannten Robo-
Advisors gesehen. Diese sollen bei der Vermögensberatung ihre Anwendung finden,
indem sie durch eine automatisierte Vermögensberatung eine kostengünstige Alter-
native darstellen. Die Robo-Advisors sind nicht nur effizienter, sondern können auch
bessere Anlageergebnisse erzielen, da sie kognitive Verzerrungen ausschließen,
die nur bei persönlichen und menschlichen Entscheidungen über Kapitalanlagen
auftreten.

3.6.4 Medienbots

Neben den Home-, Super-, und Corporate-Bots gibt es noch die Medienbots.
Auch diese lassen sich weiter unterteilen in Bots für die Personalisierung des
Nachrichtenangebots, Newsbots und In-Article-Bots.

Bots für die Personalisierung des Nachrichtenangebots
Bots zur Personalisierung des Nachrichtenangebots beziehen sich auf Webseiten und
deren Apps, bei denen der Nutzer Push-Nachrichten zugesendet bekommt. Bisher
wurden die Push-Nachrichten durch eine Präferenzwahl des Nutzers manuell gefil-
tert. Dazu wählte der Nutzer alle verfügbaren Kategorien aus, die ihn interessieren
und bei denen er gerne durch Push-Nachrichten auf das Smartphone auf dem Laufen-
dem gehalten werden möchte. Diese Funktion wird nun durch eine KI erweitert und

im Newsfeed von Facebook, Twitter etc. eingesetzt (vgl. Sieber, 2019, S. 103). Die KI-basierten Algorithmen verfolgen dadurch jeden Klick und stellen automatisierte Interessenprofile für jeden Nutzer zusammen. Der Algorithmus entscheidet dabei völlig individuell, welchen Informationsmix er dem jeweiligen Nutzer anbietet.

Newsbots

Newsbots wiederum haben die Aufgabe, vorgefertigte Nachrichtentexte, wie es auch bei den Push-Nachrichten der Fall ist, zu ersetzen. Die Newsbots „plaudern" eher mit dem Nutzer über die aktuellen Nachrichten in einem aktiven Chatmedium. Auch, wenn es bereits Newsbots von der FAZ oder der Bild gibt, ist die Dialogfunktion noch nicht ausgereift und die Texte hierfür werden noch vorproduziert. Der Newsbot von der Tagesschau namens Novi sendet morgens und abends dem Nutzer die drei Top-News zu und kann auch auf Fragen wie „Was macht eigentlich Merkel so?" des Nutzers reagieren, indem er die aktuellsten Berichte zum Stichwort „Merkel" aus der Online-Mediathek zusammenstellt (vgl. 1000° DIGITAL GmbH 2018).

In-Article-Bots

Der letzte Medienbot, der hier vorgestellt wird, ist der In-Article-Bot. Wie der Name schon vermuten lässt, handelt es sich hierbei um einen Chatbot, der an verschiedenen Stellen eines Nachrichtentextes integriert ist und diesen dadurch kurz unterbricht (vgl. Campillo, 2019). Dadurch kann der Leser noch während des Lesens durch das Gespräch mit dem In-Article-Bot mehr zum Artikelthema erfahren. Es entsteht eine dialogähnliche Situation durch Klicks auf vorgefertigte Antwortbuttons. Die Hintergrundinformationen können durch einen Kommentar, eine Erklärung zur Autorensicht oder durch den Verweis auf ein erläuterndes Video präsentiert werden. Die In-Article-Bots sind in der Praxis noch nicht weit verbreitet. Ein Beispiel findet man bei einem Artikel von Paul Campillo. Der integrierte Bot fragt hier zu Beginn des Artikels nach dem Namen des Lesers und, ob der Leser diese Funktion überhaupt wünscht. Dadurch können die evtl. unerwünscht auftauchenden Interaktionen zwischen den Textteilen verhindert werden, indem diese im Falle der Ablehnung oder Ignoranz der Fragestellung zu Beginn erst gar nicht im Artikel auftauchen.

3.6.5 Beziehungsbots

Eine interessante Kategorie bilden auch die Beziehungsbots. Bei diesen geht es nicht um schnelle Abwicklungen und Informationsbereitstellung, sondern darum,

im Dialog mit dem Nutzer zu bleiben und eine Beziehung zu diesem aufzu-
bauen (vgl. Shum et al., 2018, S. 10–26). Die Beziehungsbots nutzen dafür
Machine-Learning-Technologien, gescriptete Texte, psychologische Analysemus-
ter und Humor. Zur Anwendung kommen dabei die Sprachdialogsysteme, da
der Fokus der Sprachassistenzsysteme mehr auf der Informationsvermittlung und
dem Service liegt. Die Sprachdialogsysteme eignen sich für solch komplexe
Herausforderungen, bei denen die Gefühlslage und der Gesprächsstatus eingeschätzt werden müssen, um richtig darauf reagieren zu können. Obwohl der
Pionier unter den Beziehungsbots der Cleverbot ist, stellt Mitsuku den aktuellen Benchmark dar. Der weibliche Beziehungsbot Mitsuku wurde zum ersten
Mal 2001 aktiviert und von Steve Worswick sogar mit Persönlichkeitsmerkma-
len ausgestattet, sodass sie beispielsweise eine Lieblingsband, -sendung, -essen
und -farbe hat (vgl. Sieber, 2019, S. 112–117). Mitsuku gibt diese Informationen im Gespräch preis und lässt sie auch in Fragen mit anderem Hintergrund
einfließen. Sie kann einige Emotionen anhand von Signalwörtern erkennen und
entsprechend reagieren. Mitsuku wurde zur vierfachen Preisträgerin der Bronzemedaille des Loebner Preises (vgl. Sieber, 2019, S. 113). Der Loebner Preis legt
den Turing-Test zugrunde und zeichnet mit der Bronzemedaille das Programm
aus, dass am menschenähnlichsten ist.

Beziehungsbots vermitteln dem Nutzer die Illusion, dass er es mit einem realen
Gesprächspartner zu tun hat. Allerdings wäre ein Gespräch über ein Fachthema
nochmal eine völlig andere Herausforderung für den Bot.

3.6.6 Identity-Bots

Als letzter Bot werden hier die Identity-Bots betrachtet. Sie sind auch bekannt
unter dem Namen Fake-Bots und beruhen auf einer Software, die menschliches
Verhalten nachahmt (vgl. Sieber, 2019, S. 124). Identity-Bots haben eigene Pro-
file in sozialen Medien wie Facebook, Twitter oder Instagram und geben vor,
natürliche Menschen mit einer echten Meinung zu sein. Sie verursachen damit
das Problem der Scheinidentitäten. Laut einer Studie von Forschern der University of Southern California und der Indiana University sind bis zu 15 % aller
Nutzer von Twitter eigentlich Bots (vgl. Varol et al., 2017). Mit den Identity-
Bots gehen viele Risiken einher. Studien zeigen beispielsweise, dass sich im
US-Wahlkampf mindestens 400.000 Bots in die politische Diskussion zur US-
Präsidentschaftswahl auf Twitter eingemischt haben. Es wird geschätzt, dass die
automatisierten Accounts 20 % aller thematisch passenden Tweets produzieren

(vgl. Dönges, 2016a). Dadurch werden Falschinformationen leichter verbreitet und politische Diskussionen verzerrt. Identity-Bots können auf diese Weise bestehende Meinungen verstärken – ob sie allerdings auch ein Meinungsklima grundlegend verändern können, ist nicht abschließend geklärt.

Neben den Risiken gibt es aber auch sinnvolle Rollen für die Identity-Bots. Bei vielen Menschen finden sie bereits heute Anwendung als Autorespondbots. Die Autorespondbots funktionieren im Grunde wie ein interaktiver Anrufbeantworter auf einem sozialen Profil bei Facebook, Twitter oder auch WhatsApp (vgl. Sieber, 2019, S. 125–127). Die Integration des Bots in das Profil ist relativ einfach, sodass heute schon Stars wie Victoria Beckham auf Facebook diese als Messenger-Bots verwenden, um mit ihren Fans zu sprechen bzw. zu schreiben. Aber auch hier gibt es Gefahren, die durch den Einsatz von Autorespondbots hervorgerufen werden können. Das Thema der Authentizität wird dadurch immer unsicherer und führt zur Grundproblematik der Verantwortlichkeit für das Handeln des Bots bzw. der KI. Besonders entscheidend ist diese Fragestellung, wenn der Bot beginnt, Personen zu beleidigen, oder wenn er andere rechtsrelevante Handlungen vollzieht.

Heutige Chatbots stehen immer wieder in der Kritik, noch nicht ausgereift genug zu sein. Um Chatbots in der Kundenkommunikation einzusetzen, arbeiten zahlreiche Branchen daran, die Technologie weiter zu verbessern. Sie integrieren Chatbots in ihre Website, soziale Netzwerke oder Apps, um Kunden einen flexiblen Kundenservice anzubieten. Der wesentliche Vorteil von Chatbots liegt vor allem darin, die Kosten des Kundenservices um bis zu 90 % zu reduzieren und rund um die Uhr präsent zu sein (vgl. Kunz, 2018).

3.7   Smart Home

Unter dem Begriff Smart Home werden in der Regel intelligente Wohnhäuser bzw. eine Gebäudeintelligenz verstanden. Intelligent ist dabei die Gebäudeautomation, deren vernetzte Komponenten durch intelligente Technologie aus der Ferne oder mithilfe von KI gänzlich ohne Eingreifen des Nutzers gesteuert werden können (vgl. Kazanli, 2016, S. 16). So kann beispielsweise die Heizung anspringen, wenn der Bewohner auf seiner Arbeitsstelle den Rechner herunterfährt (vgl. Leven, 2018). Unter dem Begriff Smart Home werden im engeren Sinne vor allem private Wohnungen und Häuser verstanden, wohingegen der Begriff Smart House alle Nutzgebäude vereint (vgl. Abicht et al., 2010, S. 7). Die wesentlichen Gründe für den Einsatz von Smart Home sind die erzielten

Energieeinsparungen, der Komfort und die Erleichterung im Alltag sowie die dazugewonnene Sicherheit bei Einbruch und Unwetter (vgl. Statista, 2016).

In sogenannten intelligenten Häusern werden sehr häufig Smart Meter eingesetzt. Die Geräte bestehen aus einem digitalen Stromzähler und einem Kommunikationstool. Smart Meter messen und speichern den aktuellen Zählerstand, während das Kommunikationsmodul den digitalen Zähler zu einem intelligenten Messsystem macht. Der Smart Meter steuert das vernetzte Leben im Wohnraum und den Einsatz von elektrischen Geräten. Darüber hinaus melden Sensoren, ob sich eine Person im Haus befindet oder ob das Licht, die Klimaanlage oder die Heizung heruntergefahren werden kann. Diese Daten werden mit aktuellen Wetterdaten abgeglichen und so kann bei einer vorhergesagten Kaltfront die Heizung schon rechtzeitig starten (vgl. Ramge, 2018, S. 73).

Die vernetzten Komponenten wie Heizung, Beleuchtung, Elektrizität, Klimatisierung und Wasserhaushalt können zentral durch ein Smartphone oder Tablet überwacht werden. Dabei sollten möglichst wenige Eingriffe des Nutzers erforderlich sein. Die einzelnen Komponenten passen sich automatisch je nach Jahres- und Tageszeit, Lichtverhältnissen, Temperatur, Luftqualität, Wetterbedingungen und Anwesenheit von Personen an (vgl. Kazanli, 2016, S. 18). Auch Geräte ohne Internetzugang können durch einen Zwischenstecker vernetzt und in das System aufgenommen werden.

Beim Thema Einbruchsicherheit sind neben Überwachungstechnologien, Alarmanlagen und Zugangskontrollen auch Anwesenheitssimulationen ausführbar, die einen virtuellen Bewohner bei Abwesenheit des Nutzers simulieren (vgl. Abicht et al., 2010, S. 57). Bei einer solchen Simulation können Beleuchtung und Jalousien automatisch betätigt werden und die Gegensprechanlage wird auf das Smartphone weitergeleitet, sodass es für einen Einbrecher nur noch schwer erkennbar ist, ob sich tatsächlich jemand im Haus oder in der Wohnung aufhält oder nicht. Bei dem zweiten Sicherheitsthema Unwetter helfen vernetzte Rauchmelder, Temperatursensoren, Wassermelder und Feuchtigkeitssensoren, die den Nutzer entsprechend warnen und eigenständig Aktionen zum Schutz in Gang setzten können wie beispielsweise bei starkem Gewitter das Ausschalten der Steckdosen oder das Schließen der Rollläden (vgl. Kazanli, 2016, S. 20).

KI kommt vor allem bei der intelligenten Steuerung der einzelnen Geräte zum Tragen (vgl. Strobel, 2018). Mithilfe einer zentralen Steuerung werden Daten aus den verschiedenen Sensoren gesammelt und weitergesendet. Es wird dann auch gerne vom Smart Home 2.0 gesprochen, wenn intelligente Algorithmen die Grundlagen dafür bilden, dass sich das vernetzte System immer besser an die jeweiligen Nutzerbedürfnisse anpassen kann (vgl. Strobel, 2018). So geht beispielsweise beim Betreten der Wohnung automatisch das Licht an, das

Schlafzimmerfenster wird geöffnet und bei bestimmten Sendungen der Fernseher gestartet (vgl. Lenzen, 2019, S. 190). Mit der Zeit stellt sich das System auf die Gewohnheiten der Bewohner ein und reagiert je nach Ausgangslage auf die Bedürfnisse des Nutzers.

Zudem ändert sich die Interaktion zwischen Mensch und System durch die KI, indem die Spracheingabe möglich wird. An dieser Stelle sei nochmal auf Abschn. 3.6 verwiesen, bei dem insbesondere mit den Homebots, aber auch mit den Superbots bereits auf das Thema Sprachassistenzsysteme im häuslichen Bereich eingegangen wurde. Die KI im Smart Home analysiert die entstehenden Daten, um Muster zu erkennen und z. B. den Energieverbrauch zu optimieren, Fehlfunktionen von Heizungen vor dem Ausfall ausfindig zu machen oder sonstige Abweichungen festzustellen und diese an den Nutzer weiterzugeben, wie z. B. im Fall eines Wasserschadens (vgl. Strobel, 2018). Heute können rund 90 % der Elektrogeräte in einem Haushalt mittels KI-Sprachsystemen gesteuert werden (vgl. Leven, 2018).

Ein interessantes Forschungsprojekt ist „LivingCare". Hier wurde ein selbstlernendes Smart-Home-System von Projektpartnern aus unterschiedlichen Disziplinen für einen Testzeitraum von elf Monaten in zehn verschiedenen Wohnungen in Oldenburg integriert. Ziel dabei war es, das Leben von Senioren in der eigenen Wohnung sicherer, komfortabler und energiesparender zu gestalten (vgl. YOUSE GmbH, 2018). Um dies zu erreichen, war das System mit einer automatischen Sturzerkennung mit Alarmierung nach außen, einem Einbruchsschutz mit Alarmierung nach außen, einer individuellen Lichtsteuerung, einer adaptiven Heizungssteuerung, einer Energiesparfunktion und weiteren Funktionen zur Komfortsteigerung ausgestattet (vgl. contronics GmbH, 2015).

Der Schwerpunkt des Systems lag auf dem Thema Sicherheit. Zum einen spielten externe Sicherheitsrisiken wie Einbruch, Wasser oder Rauch, aber zum anderen auch persönliche Sicherheitsthemen wie Notfallmeldungen bzgl. der Gesundheit des Nutzers eine große Rolle (vgl. contronics GmbH, 2015). Vor allem Letzteres ermöglicht alleinlebenden Menschen länger das Wohnen in gewohnter Umgebung. Nach Projektende konnten verschiedene Erkenntnisse gewonnen werden. Es stellten sich z. B. Gewöhnungseffekte bei der automatischen Heizungssteuerung ein, die zu Beginn abgelehnt, später dann aber sehr wertgeschätzt wurden (vgl. YOUSE GmbH, 2018). Eine wichtige Erkenntnis war auch, dass die KI-Algorithmen nicht immer das notwendige Feedback erhielten, um sich selbst verbessern zu können. Dies hatte zwei Gründe. Zum einen fand bei kleinen Änderungen keine Registrierung vom Nutzer statt wie beispielsweise bei einer minimalen Temperaturschwankung im entfernten Nachbarzimmer in der Nacht. Zum anderen gab es auch Anwendungen mit geringer Akzeptanz des

Ausprobierens wie etwa eine Fehlauslösung eines vermeintlichen Sturzes (vgl. YOUSE GmbH, 2018).

Zuletzt lässt sich im Anwendungsfeld Smart Home noch anmerken, dass die bereits angesprochenen Sprachassistenzsysteme durch Hinzufügen des Aspekts der Bewegung auch schon erste Entwicklungen zum sozialen Roboter unternehmen. Die ersten Exemplare gibt es bereits, wie beispielsweise Zenbo von Asus, der durch die Wohnung rollen kann. Die sozialen Roboter sind, zumindest bei geeignetem Untergrund, ständige Begleiter, unterstützen bei diversen Tätigkeiten und überwachen die Wohnung bei Abwesenheit des Nutzers (vgl. Maulko, 2018). Sie bieten vielfältige Einsatzmöglichkeiten: bei Senioren zur Unterstützung durch Erinnerung an die Medikamenten-Einnahme oder Absenden einer Notfallinformation an Ärzte und Angehörige, bei Kindern als Spielkamerad zum Singen, Tanzen, Geschichten erzählen und Spiele spielen oder als Entertainment-Dienst mit eingebauter Kamera zum Fotos schießen und einem Bildschirm zum Video streamen (vgl. Pothen, 2018). Die meisten sozialen Roboter sollen Emotionen ansprechen und werden als Familienmitglied vermarktet, indem sie allein optisch dem Kindchenschema entsprechen und Gestik, Mimik und Körpersprache des Menschen nachahmen. Der Roboter Kuri schnurrt sogar bei einer Berührung und kann durch eingebaute Mood Lights sein Gefühlszustand vermitteln (vgl. Maulko, 2018).

In einer Studie des Gesamtverbandes der Wohnungswirtschaft, Analyse & Konzepte sowie des Forschungsinstituts InWis wurden Verantwortliche von großen Wohnungsunternehmen befragt, welche Smart-Living-Technologien sie in ihren Wohnungsbeständen nutzen. Hier die Ergebnisse im Detail (vgl. o. V., 2020, S. 64):

- Heizungs-/Klimasteuerung: 65,2 %
- Smarte Rauchmelder: 41,0 %
- Videoüberwachung: 25,3 %
- Alarmanlage: 15,7 %
- Smart Meter: 14,6 %
- Kommunikation im Internet: 14,0 %
- Lichtsteuerung: 12,9 %
- Digitaler Haus-/Wohnungszugang: 11,8 %
- Technische Assistenzsysteme: 9,6 %
- Digitaler Hausaushang: 1,1 %

3.8 **Kreative Berufe**

Kreativität wird in der Regel als eine wichtige menschliche Eigenschaft verstanden. Die Geschichte der Menschheit zeichnet sich unter anderem durch kreative Kunstwerke wie Wandmalereien, Schnitzereien, Steinhauerei und Bilder aus, die Erfahrungen vermitteln und den Betrachter zum Teil auch berühren (vgl. Lenzen, 2019, S. 120–122). Die Basis von Kunstwerken ist Kreativität, mit der etwas Neues erschaffen werden kann. Kreativität ist nicht nur bei Kunstwerken, sondern auch im Unternehmenskontext bei der Produktentwicklung und der Werbung oder bei Forschungsfragen von Bedeutung. Roboter, die Musikstücke komponieren, Bilder malen oder Stühle designen, gibt es bereits, ihr Schaffen ist allerdings zumeist auf Algorithmen zurückzuführen, die aus Datensätzen gelernt haben.

Für Einige ist die Kreativität die Grenze zwischen Menschen und intelligenten Computern. Die Vertreter des Forschungszweigs Computational Creativity sind vom Gegenteil überzeugt und definieren einen Computer erst dann als intelligent, wenn er kreativ ist (vgl. Lenzen, 2019, S. 217). Die Kreativität sei durch formale Modelle und Simulationsstudien fassbar, indem bekannte Elemente auf neue Weise kombiniert werden. Dass die KI nur aus bereits Bekanntem schöpfen kann, sehen einige als Gegenargument. Wobei auch der Mensch nur aus Bekanntem schöpft – der Unterschied hier sind die intrinsischen Erfahrungen, die der Maschine fehlen (vgl. Lenzen, 2019, S. 120–122). Der BMW Design-Experte Holger Hampf ist sich allerdings sicher: „Künstliche Intelligenz eröffnet neue Wege und steht im Designprozess erst am Anfang ihrer Karriere. Sie ist bereits Bestandteil unserer täglichen Kommunikation und wird ständig wichtiger." (BMW AG, 2018).

KI-gestützte Systeme schrieben bereits ein neues Beatles-Album oder verwandelten ein Urlaubsfoto zu einem Gemälde im Stil von Monet (vgl. Dönges, 2016b; Drees, 2016). Die Ergebnisse, KI bei der Gestaltung von Musik und Bildern einzusetzen, sind oft nicht unterscheidbar von den Ergebnissen menschlichen Tuns (vgl. Lenzen, 2019, S. 120–122). Sprachliche Geschichten und Gedichte sind für die KI schon weitaus schwieriger umzusetzen, da KI-Systeme sprachliche Analogien wie beispielsweise „Anwälte sind Haie" noch nicht verstehen und unverständliche bzw. bizarre Outputs generieren (vgl. Lenzen, 2019, S. 219–221). In der Praxis lassen sich einige interessante Beispiele finden, bei denen mit KI experimentiert wurde:

- Bei dem Musical Beyond the Fence von 2017 (London) schrieb das Programm Wryter die Handlung und ein anderes Programm namens Android Lloyd Webber komponierte die Musik dazu (vgl. Falmouth University, 2016).

- In den Niederlanden wurden 346 Rembrandt-Gemälde mit 3D-Scans digitalisiert. Kunstexperten speisten die Daten dann in einen „Deep-Learning"-Algorithmus und stellten diesem lernfähigen KI-System die Aufgabe, ein Bild zu erschaffen, das einen „weißen, mittelalten Mann mit Gesichtsbehaarung" zeigt, der „schwarze Kleidung, eine weiße Haarkrause und einen Hut" trägt. Das Ergebnis wurde von einem 3D-Drucker „gemalt". Es bestand aus 148 Mio. Pixeln und 150 Gigabyte an Daten. Das digitale Kunst-Bild war so „echt", dass Experten es für ein Original von Rembrandt hielten (vgl. BMW AG, 2018).

- IBMs Watson analysierte 100 Filmtrailer, um zu lernen, wann eine Sequenz spannend, eine Person traurig und die Musik düster ist. Anschließend erstellte er den Filmtrailer für den Science-Fiction-Film „Morgan" (vgl. Rondinella, 2016).

- KI wurde auch schon zum Komponieren eingesetzt: KI-gestützte Software produziert digitale Klassik oder auch Hintergrundmusik für Computerspiele. Anfang 2018 erschien ein KI-Musikalbum mit dem Namen „Hello World" des französischen Künstlers SKYGGE (vgl. BMW AG, 2018).

- Mit der Hilfe von Watson, der dank seines Geschmacksalgorithmus Rezepte fast vollständig alleine entwickelte, wurde ein Kochbuch veröffentlicht (vgl. Jaedtke, 2019). Zu den Rezepten gab es sowohl gute als auch negative Bewertungen.

- Eine KI sollte Farbtöne kreieren und diesen Namen geben, allerdings wurden nicht immer passende Namen ausgewählt (vgl. Jaedtke, 2019).

- Das Gemälde „Portrait of Edmond de Belamy" ist das erste KI-Kunstwerk, das von einem großen Kunsthaus versteigert wurde. Das Porträt zeigt einen kräftigen Gentleman mit dunklem Gehrock und weißem Kragen, der auf einen Mann der Kirche schließen lässt. Das Gemälde wurde im Auktionshaus Christie's für 380.000 EUR versteigert. Die eingesetzte KI Generative Adversarial Network (GAN) stammt von der Künstlergruppe Obvious aus Paris und erstellte zunächst aus 15.000 Porträts ein neues Porträt, das im zweiten Schritt von ihr selbst als echt (aus Menschenhand) eingestuft wurde (vgl. Uhlenbrok, 2019).

- Der Flugzeughersteller Airbus nutzte generatives KI-Design, um eine Kabinen-Trennwand für die A320-Flotte zu gestalten. Die Entwickler gaben die technischen Vorgaben wie Größe und Belastbarkeit vor und entwickelten so entsprechende Design-Optionen. Das KI-System testete unzählige Varianten und Konfigurationen, wobei der Algorithmus bei jedem Durchlauf hinzulernte. Letztlich wurde eine Trennwand konstruiert, die bei gleicher Stabilität um 45 % leichter als die Vorgängerwand war. Der Nutzen dieses KI-Designs war weniger Gewicht und damit weniger Treibstoff und weniger Emissionen (vgl. BMW AG, 2018).

- Mithilfe von KI soll auch Ludwig van Beethovens unvollendete 10. Sinfonie vollendet werden (vgl. Zeit Online, 2019). Bisher bestehen nur einige handschriftlichen Notizen und Skizzen. Ein internationales Team aus Musikwissenschaftlern, Komponisten, dem Pianisten Robert Levin und Computer-Experten arbeitet an diesem Projekt. Die Wissenschaftler wollen einen Algorithmus so trainieren, dass er die vielen fehlenden Passagen im Sinne von Beethoven ergänzt. Die Sinfonie, die Beethoven leider nicht mehr vollenden konnte, wurde am 28. April 2020 vom Beethoven-Orchester in Bonn uraufgeführt.

Schon häufiger gab es Versuche, Computerprogramme komponieren zu lassen. Dazu zählt unter anderem die Fertigstellung der berühmten unvollendeten 8. Sinfonie in h-Moll von Franz Schubert (1797–1828). Der chinesische Smartphone-Hersteller Huawei hat das das Projekt mittels KI umgesetzt und das Stück im Februar 2019 in London uraufgeführt. Das KI-unterstützte System AIVA (Artificial Intelligence Virtual Artist) komponiert ebenfalls, indem es bekannte Stücke durchsucht und zu neuen Werken entwickelt.

Es stellt sich die Frage, wo genau der Nutzen von kreativen Maschinen liegt. Es scheint nicht sehr zielführend zu sein, sich von einer Maschine ein Gemälde malen zu lassen, um dieses anschließend zu versteigern. Werden Gemälde wie am Fließband erschaffen, geht die Einzigartigkeit verloren und es werden auch keine hohen Verkaufssummen mehr erzielt. Zwei sinnvolle Anwendungsfelder lassen sich dennoch ausfindig machen. Zum einen kann die kreative Maschine zu Analysezwecken dienen, indem sie Kunstwerke nachmalt und den Entstehungsprozess nachvollziehbarer macht, um anschließend neue Formen der Malerei zu finden. Zum anderen kann sie als Assistenz menschlicher Künstler dienen, z. B. bei langwierigen Notentranspositionen (vgl. Lenzen, 2019, S. 120–122).

3.9 Rechtsberatung

Auch in der Rechtsberatung wird KI unter dem Begriff Robo-Anwalt, LegalTech oder Legal-Bot angewandt.[2] Ein relativ bekannter virtueller Rechtsassistent aus den USA hat den Namen DoNotPay. Er basiert auf den durch die Gesetzgeber präzise formulierten Regeln und bereits vorliegenden Musterfällen, Verträgen und

---

[2] Vgl. zu diesen und den folgenden Ausführungen Ramge (2018, S. 60–62).

Kommentaren. DoNotPay wurde zunächst bei Einspruchsverfahren gegen Buß-
geldbescheide genutzt und erfragte bei den Anwendern alle wichtigen fallbezo-
genen Details. Anschließend verfasste das System einen individuell begründeten,
örtlich angepassten und juristisch wasserdichten Einspruch. Mittlerweile wurde
die virtuelle Rechtsberatung auch auf andere Rechtsfelder wie z. B. Anträge auf
Mutterschutz, Ansprüche gegen Airlines und Mietsachen erweitert. Aktuell wird
LegalTech vor allem von Rechtsanwälten und großen Kanzleien genutzt. Das
System durchforstet alle Dokumente, überprüft Verträge und berechnet Wahrscheinlichkeiten, bei welchem Gericht eine Klage die höchste Aussicht auf Erfolg
hat. Wenn die KI-Programme durch Feedbackeffekte ständig dazulernen, werden
diese Anwendungen für einfache Fälle in Zukunft sicherlich auch verstärkt von
Laien genutzt.

3.10   Gesundheitswesen

Die großen Datenmengen, die es mittlerweile zu nahezu jedem Patienten im
Gesundheitswesen gibt, sind selbst für einen medizinischen Spezialisten nur
schwer zu überblicken. Deshalb wird schon seit den 1970er daran geforscht, wie
die Datenmenge besser genutzt werden kann (vgl. Lenzen, 2019, S. 154–159).
Insbesondere mit KI ist man im Bereich der Onkologie, der Kardiologie und bei
genetischen Krankheiten jetzt in der Lage, die hohe Datenmenge im Gesundheitswesen besser zu nutzen (vgl. Ramge, 2018, S. 62). Dabei gibt es zahlreiche
intelligente Programme, die bereits erfolgreich angewendet werden.
   Das intelligente Programm Watson kann bei medizinischen Entscheidungen
helfen, indem es Studien auf mögliche Therapien hin analysiert (vgl. Paddock,
o. J.). Dazu wird Watson zunächst mit den Symptomen, der Krankheitsgeschichte
und den verschiedenen Untersuchungsergebnissen des Patienten gefüttert. Daraufhin sucht Watson in seiner Studien-Datenbank nach der korrekten Diagnose und
einer erfolgversprechenden Therapiemöglichkeit. Das große Problem dabei ist,
dass aktuell noch nicht genügend elektronische Daten für eine zentrale Datenbank zur Verfügung stehen. Dabei spielt das Thema des Datenschutzes eine
große Rolle, da es sich im Gesundheitswesen um ganz besonders sensible und
vertrauliche Daten handelt.
   Eine andere Anwendung findet KI beim Radiologen bzgl. bei der Untersuchung von Gewebeveränderungen wie Tumoren (vgl. Lenzen, 2019, S. 154–159).
Dazu wird im Deep-Learning-Verfahren KI mit Bildern trainiert, auf denen der
Arzt gesundes und auffälliges Gewebe markiert. Anschließend untersucht die KI
im konkreten Fall ggf. auch mehrfach die Aufnahmen von 900 Schichten und

sortiert die Bilder aus, bei denen es seit der letzten Untersuchung keine Veränderungen gab. Dank dieser Untersuchungsmethode lässt sich beispielsweise das Tumorwachstum bei bestimmten Brustkrebsarten wesentlich genauer vorhersagen und therapieren. Eine KI-gestützte Analyse kann die Bilder nicht nur viel schneller als ein Mensch untersuchen, sondern wesentlich genauer Pixel für Pixel vergleichen. Damit ist neben der Zeitersparnis auch das Risiko, eine Gewebeveränderung zu übersehen, wesentlich geringer. Mithilfe von KI kann man bei Kleinkindern auf MRT-Aufnahmen erkennen, ob sie Autismus entwickeln. So kann mit einer entsprechenden Therapie sehr frühzeitig begonnen werden (vgl. Ramge, 2018, S. 63). Grundlage hierfür sind allerdings immer wieder große Datenmengen, die zur Diagnostik eingesetzt werden. Unter den Grundsätzen des Datenschutzes stoßen KI-gestützte Systeme dabei allerdings sehr schnell an ihre Grenzen (vgl. Leven, 2018).

Auch zur Prävention lassen sich intelligente Programme einsetzen, indem sie die Früherkennung von Fettleibigkeit ermöglichen (vgl. PricewaterhouseCoopers, 2019). Klinische Studien zeigen, dass sich aus den Gesundheitsdaten eines Zweijährigen bereits eine spätere Fettleibigkeit ableiten lässt. Mit entsprechenden Aufklärungsmaßnahmen könnte man hier auf die Eltern zugehen und Hilfe anbieten. Auch die Früherkennung von Demenz ist durch den Einsatz von KI mit einer Genauigkeit von 82 bis 90 % möglich und könnte in den kommenden zehn Jahren dadurch rund acht Milliarden Euro einsparen (vgl. PricewaterhouseCoopers, 2019).

Ein weiterer Ansatz ist der digitale Zwilling. Hier wird ein Abbild des Patienten anhand seiner DNA-Daten erstellt (vgl. Burkhard, 2018). Anhand des Abbildes lässt sich mit Computertests simulieren, wie der Patient auf Medikamente und Therapien reagieren würde. Dies ist vor allem dann nützlich, wenn Patienten auf neue Medikamente eingestellt werden müssen. Der Einsatz des digitalen Zwillings ist zwar noch nicht ausgereift, verspricht aber großes Potenzial, da Fehlbehandlungen und Nebenwirkungen vermieden werden können. Darüber hinaus ist das Verfahren schonender und kostengünstiger, da sofort die richtigen Maßnahmen ergriffen werden.

In der Pharmaindustrie sollen intelligente Programme beim Erfinden von neuen Arzneimitteln helfen. Sie sollen im gesamten Prozess vom Screening nach der optimalen Zusammensetzung bis zur Vorhersage der Erfolgsrate des Medikaments eingesetzt werden. Die Arzneimittelstudien mit implementierter KI können die Zeit bis zur Zulassung und der Markteinführung stark reduzieren, sodass infolgedessen die Gesamtkosten gesenkt werden. Dies könnte ggf. zu sinkenden Arzneimittelpreisen führen (vgl. Maer, 2019a).

Ein interessantes Feld ist das der roboterassistierten OP-Systeme, die zitter-freies und millimetergenaues Operieren ermöglichen. Im Universitätsklinikum Essen gibt es bereits eine Behandlung mit dem Da-Vinci-System, das den robo-terassistierten Eingriff für eine Prostataektomie (Entfernung der Prostata) erlaubt (vgl. Wallenfels, 2018). Hier bedient der Operateur vier Roboterarme mithilfe von Joysticks – es handelt sich also um keine selbstständige Ausführung durch den Roboter. Auch in der Gynäkologie, HNO, Thoraxchirurgie und in der Urologie werden bereits roboterassistierte OP-Systeme eingesetzt (vgl. Wallenfels, 2018). Der RoboDox ist beispielsweise ein selbst fräsender Hüftroboter und der Mikro-roboter Preceyes hilft bei Augenoperationen (vgl. Sonepar Deutschland, 2017). Sie ersetzen allerdings alle keinen Arzt, der jederzeit in der Lage sein muss, das System abzuschalten und die Operation alleine fortzuführen.

Die virtuelle Arm-Therapie VITA hilft Patienten dabei, mit einer neuen Prothese zurechtzukommen. VITA ist ein Forschungsprojekt im Bereich der Rehabilitation und erlaubt die Durchführung von Übungen nach Armamputa-tionen. Mithilfe von Muskelsignalen können Benutzer die fehlende Gliedmaße virtuell wieder voll funktionsfähig einsetzen. Das System VITA erkennt durch maschinelles Lernen die beabsichtigte Bewegung des Benutzers (vgl. Deutsches Zentrum für Luft- und Raumfahrt e. V., 2019). Zur kompletten Ausstattung von VITA gehören eine VR-Brille, eine Armmanschette mit EMG-Sensoren, ein Controller und zwei Bewegungssensoren (vgl. Sonepar Deutschland GmbH, 2017). Die Therapie eignet sich gut, um Phantomschmerzen zu behandeln, da Testprobanden berichten, dass sich der Vorgang sehr real anfühlt. Das System erkennt nicht nur, ob der Benutzer Druck vom Finger etc. ausüben möchte oder nicht, sondern auch, wie stark der Druck ist. Es lässt sich sogar erfolgreich das Geschicklichkeitsspiel Jenga virtuell spielen (vgl. Google Ireland Limited, 2017).

Mit der Software Timerbee lässt sich mithilfe von KI die Termin- und Ressour-cenplanung im Krankenhaus verbessern. Timerbee kümmert sich zum einen um die Verwaltung von Patiententerminen und zum anderen um die Koordination von OP-Abläufen. Bei der Verwaltung von Patiententerminen beginnt der Aufnahme-prozess schon zu Hause durch das Zusenden von Unterlagen wie Informationen, Aufklärungsbögen, Einwilligungserklärungen, Kontakten, Anfahrtsbeschreibun-gen etc. (vgl. Imilia Interactive Mobile Applications, 2019). Auch der Patient oder Hausarzt sendet vorab alle relevanten Informationen wie Röntgen- und Laborbe-funde und Medikamentenlisten Timerbee zu. Der Check-in in der Klinik wird an einem Terminal mithilfe der Gesundheitskarte erledigt, sodass sofort die Mel-dung, dass der Patient eingetroffen ist, an alle relevanten Personen weitergegeben werden kann. Auch folgende Behandlungstermine und Nachsorgemaßnahmen werden bei entsprechend vorliegenden Informationen automatisch gebucht. Bei der Koordination von OP-Abläufen stimmt die Software kurz gesagt Raumzuteilungen, Zeiten, Personalkapazitäten, Modalitäten und Bettenverfügbarkeit miteinander ab. Timerbee kümmert sich um die langfristige Planung, aber auch um kurzfristige Ausfälle und erkennt, welche Aufgaben noch zu planen sind. Zudem registriert die KI Fehler oder potenzielle Gefahren wie nicht mehr verfügbare Ressourcen oder Infektionen, weist anschließend darauf hin und macht Vorschläge zu Gegenmaßnahmen. Da Timerbee webbasiert ist, können sich die Ärzte und das restliche Personal den aktuellen Tagesplan und ggf. neue Änderungen jederzeit auf dem Smartphone anschauen. Insgesamt führt dies zu einer umfassenden Optimierung bzgl. des Ablaufs, der OP-Auslastung und der Vermeidung von unnötigen Überstunden (vgl. Imilia Interactive Mobile Applications, 2019).

Darüber hinaus gibt es zahlreiche weitere Anwendungsfelder für intelligente Programme im Gesundheitssektor wie beispielsweise:

- Selbstständige Blutabnahme, Auswertung von Blutproben, Laborarbeiten (vgl. Lenzen, 2019, S. 154–159)
- Computersimulationen durch Augmented-Reality-Anwendungen bei Operationen für präzisere Eingriffe (vgl. Burkhart, 2018)
- Analysesystem rät nach Zusendung eines Handyfotos von Hautveränderungen zu einem Arztbesuch (vgl. Lenzen, 2019, S. 154–159)
- Wearables (Fitness-Tracker) können Werte chronischer Krankheiten beim Patienten überwachen (vgl. PricewaterhouseCoopers, 2019)

Wenn es um den Einsatz KI in der Gesundheitsbranche geht, spielen auch für deren Voranschreiten hemmende Faktoren wie der Datenschutz der Patienteninformationen v. a. in Europa mit der EU-Datenschutz-Grundverordnung (EU-DSGVO), die Verantwortlichkeit der Diagnosen, Therapien und Operationen („Responsible AI") und die Akzeptanz der Patienten eine maßgebliche Rolle. Interessant ist, dass die Akzeptanz von KI in der Medizin sich zwischen den Industriestaaten und den Schwellenländern unterscheidet. Patienten in Entwicklungs- und Schwellenländern treten relativ unbedarft virtuellen Diagnosen, Robotern und KI gegenüber (vgl. PricewaterhouseCoopers, 2019).

3.11 Kriminaltechnik

Durch den voranschreitenden technologischen Fortschritt in allen Lebensbereichen bilden sich auch in der Kriminalistik neue Herausforderungen. So ergeben sich beispielsweise bei dem ansteigenden Ausbau von Smart Homes neue Täter-typen von Wohnungseinbrechern, die auch neue Aufgaben in der IT-Forensik bzgl. der Spurensicherung erfordern (vgl. Fuchs, 2018). Daneben kommt es aber auch zum Gebrauch von KI in der Kriminalistik selbst. Im Folgenden wer-den drei größere Bereiche genauer betrachtet: das Predictive Policing und die Gesichtserkennung in zwei verschiedenen Einsatzfeldern.

3.11.1 Predictive Policing

Predictive Policing beschäftigt sich mit der Wahrscheinlichkeitsberechnung für zukünftige Straftaten (vgl. Bundeskriminalamt, 2017). Hauptsächlich soll mit-tels Predictive Policing herausgefunden werden, in welchen Gegenden zeitnah Wohnungseinbrüche eintreten werden. Dies ist eines der häufigsten Delikte in Deutschland. Da professionelle Einbrecher meist bestimmten Mustern bei der Vorgehensweise und der Zielauswahl folgen, lässt sich dies mit einer intelligenten Software analysieren und vorhersagen (vgl. Nestler, 2018).

Das Landeskriminalamt Nordrhein-Westfahlen setzt bereits seit 2015 auf eine solche Software, in diesem Fall auf die Software Skala (vgl. Landeskriminalamt Nordrhein-Westfalen, 2018). Skala ist ein System zur Kriminalitätsauswertung und zur Lage-Antizipation, indem es die wissenschaftlich belegte Near-Repeat-Theorie verwendet, die besagt, dass Einbrecher gerne zeitnah in Gebiete zurück-kehren, in denen sie vorher bereits erfolgreich waren (vgl. Landeskriminalamt Nordrhein-Westfalen, 2018). Die Prognosen von Skala berücksichtigen neben Vergangenheitsdaten wie Tatort und -zeit, Vorgehen, Bebauung, Infrastruktur und Sozialstruktur von Gebieten aber auch weitere Faktoren wie die Nähe einer Autobahnauffahrt oder der Erwartungswert der Beute (vgl. Nestler, 2018). Auch andere Landeskriminalämter wie Bayern, Baden-Württemberg, Berlin, Nieder-sachsen und Hessen benutzen ähnliche Software-Lösungen wie z. B. Precobs, die auf Wenn-Dann-Entscheidungen basiert. Auch, wenn weitere Bundesländer wie Hamburg und Rheinland-Pfalz bereits überlegen, ebenfalls eine entsprechende Software einzusetzen, gibt es derzeit kein Predictive Policing auf Bundesebene (vgl. Nestler, 2018).

Im internationalen Kontext wird die Software Predpol in den USA (Atlanta, Richmond und Seattle) und in Großbritannien (Grafschaft Kent) eingesetzt. Predpol wurde an der Santa Clara University und der University of California ent-wickelt (Vgl. PredPol, 2018). Neben Einbrüchen und Autodiebstählen sagt diese auch Taten mit Waffengewalt, Körperverletzungen, Drogendelikte und Fahrrad-diebstähle voraus. Die Basis der Software ist komplexe Mathematik und Machine

Learning. Genau das sei laut Dr. Tobias Singelnstein, Professor für Kriminologie an der Ruhr-Universität Bochum, aber problematisch, da die Ergebnisse somit nicht mehr nachvollziehbar seien (vgl. Nestler, 2018).

In Chicago wird mit dem Algorithmus der Strategic Subject List gearbeitet, der einzelne Bürger ins Visier nimmt und eine Liste mit Personen erstellt, die Opfer oder Täter einer Schießerei werden könnten (vgl. City of Chicago, 2017). Der ermittelte Risikoscore einer Person ist immer abhängig von Vorstrafen, einer Gangmitgliedschaft und dem Alter. Gelistete Personen werden von der Chicagoer Polizei mit Sozialarbeitern zur Prävention besucht, sodass im Zeitraum von 2013 bis 2016 über 1400 solcher Hausbesuche stattfanden (vgl. Posadas, 2017). Dies wäre in Deutschland aufgrund der personenbezogenen Daten nur in sehr engen Grenzen möglich und auch Hausbesuche brauchen hier eine gesetzliche Grundlage. Allerdings konnte Chicago seit dem Einsatz der Strategic Subject List die Kriminalität bezogen auf Mordrate und Verwicklungen in Schießereien der Personen auch nicht senken (vgl. Nestler, 2018).

Allgemein ist die Wirksamkeit solcher Programme bisher kaum messbar. Die Einbruchszahlen in Deutschland sinken zwar seit dem Einsatz der vorgestellten Softwares, es lässt sich aber kein kausaler Zusammenhang herstellen und der Rückgang könnte ebenso die Folge von anderen Maßnahmen oder Entwicklungen sein (vgl. Egbert, 2017).

3.11.2 Gesichtserkennung

Der zweite Bereich in der Kriminalistik, der hier vorgestellt wird, bezieht sich auf die Möglichkeit der Gesichtserkennung durch den Einsatz von KI. Mithilfe der KI-Software „Clearview", die per Algorithmus Gesichter erkennt, kann das gesamte Internet nach Fotos durchsucht werden. Dadurch lassen sich in Deutschland Hunderte von Kriminalfällen lösen. Seit gut zehn Jahren nutzen die Landeskriminalämter schon die Möglichkeit, Bilder, auf denen unbekannte Täter zu erkennen sind, mit Fotos aus einer Straftäterdatenbank des Bundeskriminalamtes (BKA) abzugleichen. Der Algorithmus basiert dabei vor allem auf den Abständen zwischen Nase und Mund und filtert so die Menschen aus einer Datenbank heraus, die als mutmaßliche Täter infrage kommen. Um Fehler auszuschließen, gleichen Experten die Bilder dann noch einmal ab (vgl. Nestler, 2018).

Suche nach vermissten Personen

Ein Einsatzfeld für die Gesichtserkennung ist die Suche nach vermissten Personen, mit der sich Forscher der Universität in Michigan befassen (vgl. Lobe, 2018). Allein in Deutschland werden über 11.000 Menschen vermisst und je länger die Personen (v. a. Kinder) verschwunden sind, desto schwieriger ist es, sie anhand alter Fotos wiederzuerkennen (vgl. Spiegel Online, 2018). Der von den Experten entwickelte Gesichtsalgorithmus kann einen Menschen auch nach vielen Jahren der Veränderung wiedererkennen. Der Algorithmus wurde mit 147.000 Fotos von 18.000 Straftätern im Alter von 18 bis 83 Jahren versorgt, sodass von jeder Person im Schnitt vier bis fünf Fotos vorlagen (vgl. Lobe, 2018). Daraufhin kategorisierte er die Bilder und markierte zur Wiedererkennung derselben Person spezifische biometrische Merkmale im Gesicht. Bei einem Altersunterschied von über acht Jahren der Fotos erzielte der Algorithmus noch eine Treffgenauigkeit von 99 % (vgl. Lobe, 2018). Die Bildqualität sowie die Belichtung, der Gesichtsausdruck und die Körperpose spielen dabei natürlich eine große Rolle. Das Foto des Vermissten muss in Praxisfällen mit einer vorhandenen Datenbank abgeglichen werden. Hierfür eignen sich die sozialen Netzwerke wie Facebook sehr gut (vgl. Lobe, 2018). Aber auch andere Ansätze wie die der Chicagoer Polizei sind interessant. Dort tragen die Polizisten mit KI ausgestattete Body Cams an ihren Uniformen, die zwar mit keiner Gesichts-, aber mit einer Objekterkennung (Haare, Schuhe, T-Shirts) arbeiten (vgl. Shah, 2017). In China gelang es bereits – dank einer Gesichtserkennungssoftware – einen vermissten Mann nach 27 Jahren wiederzufinden (vgl. Lobe, 2018). Dazu wurde ein Bild vom verlorenen Sohn in das Vermisstenportal Baobei Huijia hochgeladen. Da auch der Vermisste selbst ein Bild von sich ins Internet stellte, matchte die Software die Fotos des sechsjährigen Kindes und des 43-jährigen Mannes und die Familie konnte wieder zusammengeführt werden.

Gesichtserkennung an öffentlichen Orten

Bezog sich das erste Einsatzfeld der Gesichtserkennung auf die Suche nach Vermissten durch einen Fotoabgleich, so bezieht sich das zweite Einsatzfeld auf die Gesichtserkennung an öffentlichen Orten mittels Videokameras. Dazu gab es ein Pilotprojekt am Berliner Bahnhof Südkreuz, welches ein Jahr lang bis zum August 2018 lief. Die Vorbereitungen dazu erfolgten durch das Innenministerium, die Bundespolizei und das BKA. Die Durchführung übernahm anschließend die Bundespolizei. Mithilfe der Software wird in Bild- und Videoaufnahmen nach Straftaten nach Verdächtigen oder im Live-Abgleich mit einer Fahndungsliste gesucht (vgl. Gruber, 2018). Davon erhofft man sich mehr Sicherheit bzgl. terroristischer Anschläge und, dass allgemein Straftäter schneller gefunden werden können.

Im Pilotprojekt filmten drei Kameras bestimmte Bereiche des Umsteigebahnhofs und drei Programme unterschiedlicher Hersteller werteten das Live-Videomaterial aus. Es gab 250 Testpersonen, die es für die eingesetzten Programme in der Menschenmenge zu entdecken galt (vgl. Horchert, 2017). Insgesamt blieben zu 80 % die gesuchten Personen unerkannt (False negative) und zu 0,1 % wurden nicht gesuchte Personen irrtümlich erkannt (False positive) (vgl. Haufe-Lexware, 2018). Auch, wenn der Wert 0,1 % zunächst sehr niedrig erscheint, sollte bedacht werden, dass bei tausenden Pendlern pro Tag dies auch zu mehreren Falschmeldungen pro Tag führt. Die Fehlerquoten würden sich aber durch den gleichzeitigen Einsatz und die Kombination von zwei unterschiedlichen Programmen noch weiter verringern lassen (vgl. Gruber, 2018). Aus diesem Grund sah wohl auch das Innenministerium das Pilotprojekt als gelungen an und widmet sich nicht mehr der Fragestellung „ob", sondern nur noch „wie" die Programme zum Einsatz kommen sollen.

Der Einsatz einer Gesichtserkennung muss allerdings streng mit den Regeln des Datenschutzes abgeglichen werden. Eine flächendeckende, anlassfreie Massendatenerhebung würde als schwerwiegender Eingriff in die Persönlichkeitsrechte gewertet werden (vgl. Pothen, 2018).

3.12 Straßenverkehr

In Deutschland werden heute Verkehrsinfrastrukturen für den Land-, Wasser- und Luftverkehr noch weitgehend analog geplant, gebaut und betrieben. Gleichzeitig hat sich in den letzten 15 Jahren das Verkehrsaufkommen und damit auch das Stauaufkommen auf deutschen Straßen um 20 % erhöht (vgl. Bundesministerium für Verkehr & digitale Infrastruktur, 2018, S. 6). Hier könnte eine intelligente Verkehrslenkung entgegenwirken, da Experten eine Einsparung des Autoverkehrs in Großstädten durch intelligente Verkehrssteuerung und selbstfahrende Autos von bis zu 90 % prognostizieren (vgl. Bundesministerium für Verkehr & digitale Infrastruktur, 2018, S. 6).

Zudem zeigen viele Unfallstatistiken, dass die Hauptursache für Verkehrsunfälle menschliches Fehlverhalten ist und automatisierte Fahrzeuge sicherer sind (vgl. Paudtke, 2019). Die automatisierten Fahrzeuge können eine Verkehrssituation umfassender einschätzen, reagieren emotionslos und schneller, erfahren keine Ermüdung und können auch Staus großräumig umgehen oder vor Starkregen, Glatteis und Hagel warnen. Ein weiterer Vorteil des automatisierten Fahrens ist der dadurch ermöglichte Zugang zu Mobilität für Personen, denen aufgrund körperlicher oder geistiger Einschränkungen der Führerschein verwehrt ist (vgl. Bundesministerium für Verkehr & digitale Infrastruktur, 2018, S. 6).

Antreiber bei vernetzten Verkehrsprojekten sind sehr häufig die Digitalisierung und KI. Schon heute werden umfangreiche Daten in den Städten gesammelt und verarbeitet: Verkehrsaufkommen, Wochentag und Uhrzeit, Wetter und ÖPNV-Angebot, Ladenöffnungszeiten und Sonderereignisse (z. B. Ferien oder Stadtfeste). Darüber hinaus liefern Autofahrer über ihre Mobiltelefone Standortinformationen. Aus diesen Informationen kann KI den Verkehrsfluss optimieren und die Umweltbelastung reduzieren. Das moderne Verkehrsmanagementsystem steuert Ampeln und lässt den Verkehr flüssiger laufen. Das heißt: Je nach Verkehr würden automatisiert und je nach Situation Geschwindigkeitsvorgaben und erlaubte Fahrtrichtungen variieren. Auch komplette Straßensperren wären möglich. Eine Voraussetzung stellt eine entsprechende Sensorik dar, d. h. Kameras mit Wetter- und Umweltsensoren oder Zählstellen.

In Saarbrücken steuert ein Unternehmen mit KI unter dem Begriff „Connected Infrastructure" mit Luftaufnahmen die Verkehrsströme und steuert Ampeln. Darüber hinaus werden bei großen Menschenansammlungen in Stadien und Volksfesten ebenfalls Menschenströme gesteuert (vgl. Leven, 2018).

Es gibt bereits einige Projektbeispiele zur Straßeninfrastruktur, wie z. B. auf dem Testfeld der A9. Eines davon ist das intelligente Parkleitsystem, bei dem mittels digitaler Erfassungssysteme freie Stellplätze für LKWs ermittelt und in Echtzeit die Fahrer über Apps informiert werden (vgl. Bayerisches Staatsministerium des Innern, für Sport und Integration, 2015). Auch die intelligente Brücke ist eines der Projekte. Hier wurden Sensoren an den Brückenbauwerken vernetzt, um eine Prognose vom Brückenzustand zu übermitteln und die Arbeit der Brückenerhaltung zu erleichtern (vgl. Bundesanstalt für Straßenwesen, o. J.). Mit dem Projekt der intelligenten Glättevorhersage soll durch Sensoren für Straßen- und Wetterdaten nicht nur an einem Ort, sondern auf einem ganzen Streckenabschnitt eine entsprechende Glättewarnung möglich sein (vgl. Bundesministerium für Verkehr & digitale Infrastruktur, 2018, S. 18). Darüber hinaus gibt es noch ein Projekt namens Robot-Straßenbau 4.0. Hier arbeiten dank moderner Sensor- und IT-Systeme sowie innovativer Maschinentechnik Straßenbaumaschinen vernetzt und autonom (vgl. Schlütersche Verlagsgesellschaft, 2017). Dies führt zu einer verbesserten Einbauqualität, Haltbarkeit sowie Arbeits- und Verkehrssicherheit. Daneben gibt es ein Projekt bzgl. der Lichtsignalanlagensteuerung, das Lichtsignalanlagen an Knotenpunkten in Augsburg zentral und intelligent steuert, um dadurch Zusammenhänge besser zu erkennen und in einer dynamischen Verkehrssteuerung zu berücksichtigen (vgl. Bundesministerium für Verkehr & digitale Infrastruktur, 2018, S. 19).

Auch bei Navigationssystemen wird KI angewandt. Google wertet die Handydaten der Verkehrsteilnehmer aus und kann so sehr aktuell die besten Routen vorschlagen (vgl. Pothen, 2018).

Beim autonomen Fahren gilt es noch einige Herausforderungen wie Technik, Ethik und Umgang mit persönlichen Daten zu bewältigen (vgl. Appel, 2017). Da autonomes Fahren sehr stark von der Qualität der vorhandenen Daten abhängt, haben die klassischen Automobilhersteller immer einen Nachteil gegenüber Google, wo bereits eine sehr gute Datenbasis vorliegt (vgl. Leven, 2018).

Das autonome Fahren lässt sich in fünf Stufen kategorisieren (vgl. BMW AG, 2019):

1. Die erste Stufe ist das assistierte Fahren nach dem Motto „Füße weg", das inzwischen weit verbreitet ist. Fahrassistenzsysteme unterstützen hier den Fahrer, übernehmen aber nicht das Steuer.
2. Die zweite Stufe ist das teilautomatisierte Fahren, bei dem die Systeme das Steuer übernehmen können, der Fahrer aber in der Verantwortung bleibt. Dies ist heute schon unter dem Motto „Hände weg" durch Lenk- und Spurführungsassistenten und ferngesteuertes Einparken in einigen Automodellen möglich.
3. Bei der dritten Stufe wird vom hochautomatisierten Fahren gesprochen und der Fahrer kann sich nach dem Motto „Augen weg" in bestimmten Situationen länger vom Fahrgeschehen abwenden.
4. Die vierte Stufe funktioniert das vollautomatisierte Fahren nach dem Motto „Fahrer liest Zeitung". Das Fahrzeug fährt zwar überwiegend selbstständig, der Fahrer muss aber noch fahrtüchtig sein.
5. In der letzten Stufe wird das autonome Fahren erreicht, bei der das Fahrzeug alle Fahrfunktionen übernimmt und die Personen nach dem Motto „Fahrer weg" zu Passagieren werden.

Die Stufen drei bis fünf sind aktuell noch Zukunftsmusik. Vor allem bei der letzten Stufe stellt sich auch die Frage, wer für die dazu benötigte Vernetzung von Ampeln und Verkehrsschildern bezahlt. Auch ohne hochauflösende und immer aktuelle Straßenkarten, die mit dem Auto vernetzt sind, wird automatisiertes Fahren nicht möglich sein (vgl. BMW AG, 2019).

Ein Praxisbeispiel liefert Tesla Motors mit ihrem Fahrsystem namens Autopilot. Bei diesem Fahrsystem sind Kameras, Radar- und Ultraschallsensoren rund ums Auto angebracht (vgl. Gorzelany, 2019). Die Basisversion für 3000 US$

beinhaltet automatisches Gas geben, Bremsen, Einhalten des Sicherheitsabstandes und Fahrbahnkorrekturen (vgl. Gorzelany, 2019). Die Vollversion für weitere 5000 US\$ erweitert die Basisversion um teilautonomes Fahren auf der Autobahn, unterstütztes Fahren auf Autobahnkreuzen, automatischen Spurwechsel, Überholung langsamer Autos und autonome Wagensteuerung aus der Garage oder dem Parkplatz (vgl. Gorzelany, 2019).

Die Bezeichnung „Autopilot" ist allerdings stark umstritten, da dies ein vollautonomes Fahren suggeriert und es zu einem Überschätzen des Systems bei den Fahrern kommen kann. Das hat zur Folge, dass es bereits schwerwiegende Autounfälle mit eingeschaltetem Autopiloten gab, bei denen der Fahrer dem System die Fahrzeugkontrolle komplett überließ. Nichtsdestotrotz möchte Tesla demnächst ein vollautonomes Fahren nach der vorgestellten fünften Stufe vorstellen. Ob die tatsächliche Umsetzung allerdings erfolgt, ist sehr fraglich, da dazu noch einige technische Hürden genommen werden müssen und die Gesetzeslage in den USA und in Europa dies auch noch gar nicht pauschal zulässt (vgl. Hebermehl, 2019).

Abgesehen von Privatautos rollen auch immer mehr sogenannte People Mover durch deutsche Städte. People Mover sind kleine Busse, die elektrisch betrieben werden und eine Menschengruppe transportieren, indem sie mit Echtzeitdaten und einem vorproduzierten 3D-Straßenmodell arbeiten. In Bad Birnbach startete die Deutsche Bahn 2017 einen Pilotversuch und auch Städte wie Berlin, Mainz, Marburg oder Frankfurt am Main experimentieren damit (vgl. Röder & Grah, 2018). Die Vision der Berliner Verkehrsbetriebe BVG ist der Einsatz von fahrerlosen Rufbussen am Ende einer U-Bahn-Linie für das letzte Stück nach Hause. Auch, wenn es dazu bereits Testläufe gab, sind Autos ohne Fahrer in Deutschland immer noch per Gesetz nicht erlaubt und benötigen Sondergenehmigungen, die trotzdem einen Fahrer hinter dem Lenkrad erfordern, der jederzeit einsatzfähig ist – im Privatgelände sind die rechtlichen Spielräume dafür größer (vgl. Röder & Grah, 2018). Bisher waren die Teststrecken allerdings nicht länger als 1,5 km mit maximal 15 km/h (vgl. Janssen, 2018). Es würde auch noch kein einziger People Mover wirklich selbstständig fahren, sondern eine Begleitperson würde Hindernisse manuell umfahren und nach Stopps die Fahrt wieder freigeben (vgl. Janssen, 2018).

Im Bereich der LKWs gibt es bereits ähnliche Ansätze zum autonomen Fahren. Dazu sei aber auf Abschn. 3.12 verwiesen, in dem auf diese Thematik genauer eingegangen wird.

3.13   Logistik

Da die Potenziale des Einsatzes von KI in der Logistik sehr hoch sind, bietet es sich v. a. in der Logistikbranche an, KI vermehrt einzusetzen. Logistische Prozesse sind sehr oft relativ komplex und standardisiert und bieten sich dadurch sehr gut für Algorithmen und KI-Verfahren an. Die denkbaren Einsatzgebiete von KI in der Logistikbranche sind vielfältig und reichen von der automatisierten Vergabe freien Frachtraums bis hin zur Vorhersage benötigter Lagerbestände in bestimmten Regionen. Der Einsatz von KI birgt für die Logistikbranche große Chancen (vgl. Maer, 2019b):

- **Sinkende Kosten:** KI trägt dazu bei, sämtliche Prozesse entlang der Lieferkette zu optimieren, Personal einzusparen und die Kosten sowohl für Logistikunternehmen als auch für deren Kunden zu senken.
- **Höhere Verkehrssicherheit:** Leistungsfähige KI wird dazu in der Lage sein, das Unfallrisiko durch übermüdete LKW-Fahrer deutlich zu reduzieren.
- **Weniger Staus:** Autonom fahrende LKWs müssen keine Ruhepausen einhalten. Zudem können sie ihr Fahrverhalten dank KI künftig automatisch an das aktuelle Verkehrsaufkommen anpassen.
- **Versorgungssicherheit:** Ob akuter Fahrer-Mangel oder die Vorhersage von Maschinenausfällen und Verzögerungen – KI wird in Zukunft dazu beitragen, die Versorgungssicherheit deutlich zu erhöhen.

Im Durchschnitt können 80 % des einfachen Tagesgeschäfts vollautonom ausgeführt werden und gleichzeitig wird über KI und Datenauswertung ein Mehrwert für die Lösung der 20 % komplexeren Themen geschaffen. Dadurch entsteht ein enormes Potenzial, um Kosten zu senken, die Effizienz zu erhöhen und Kundenwünsche besser zu erkennen und zu erfüllen. Ob ein Logistikunternehmen in Zukunft wettbewerbsfähig sein wird, hängt in entscheidendem Maße davon ab, inwieweit es dazu in der Lage ist, diese Chancen zu nutzen und KI-Systeme in seine Abläufe zu integrieren.

Der Einsatz von KI innerhalb der Logistik und bei Transportunternehmen führt zu effizienteren Prozessen und schnelleren Reaktionen auf Marktveränderungen. Dies kann u. a. über die Wettbewerbsfähigkeit einzelner Unternehmen entscheiden. Die Vorteile beim Einsatz von KI in der Logistik liegen vor allem bei sinkenden Kosten durch eine Optimierung sämtlicher logistischer Prozesse. KI trägt beispielsweise dazu bei, dass Personal eingespart werden kann. Da mit KI-Verfahren weniger Unfälle durch übermüdete Fahrer entstehen, erhöht sich auch die Verkehrssicherheit. Darüber hinaus wird durch die automatische Anpassung des Fahrverhaltens an den Verkehr die Lieferzuverlässigkeit erhöht und das Stauaufkommen reduziert (vgl. Maer, 2019b).

Aktuell nutzen rund 20 % aller befragten Unternehmen aus der Transport- und Logistikbranche bereits KI und 37 % planen den Einsatz für die Zukunft (vgl. Maer, 2019b). Die Einsatzmöglichkeiten sind auch hier sehr vielfältig und einige von ihnen werden im Folgenden vorgestellt.

Eine sehr einfache Form von KI in der Logistik wendet der Online-Optiker Brille24 an. Im Rahmen des sogenannten **„Predictive Inventory Plannings"** werden auf Daten basierende Vorhersagen für die Lagerplanung erstellt. Dabei werden u. a. Verkaufszahlen sowie saisonale und wetterbedingte Daten genutzt (vgl. o. V., 2019c, S. 30).

Ein weiteres großes Einsatzfeld der KI in der Logistik sind die **autonom fahrenden LKWs** von Logistikunternehmen. Sie sind zum Teil schon Realität. Es finden bereits Tests mit LKWs statt, die ohne einen Menschen am Steuer fahren können. Sofern die Politik die notwendigen Rahmenbedingungen schafft, dürften LKWs dank KI bereits in einigen Jahren vollkommen autonom auf den Straßen unterwegs sein.

Zum autonomen LKW-Fahren gibt es das EU-Projekt „Sartre", bei dem auf 10.000 Testkilometern ein automatisierter Kolonnen-Verkehr stattfindet (vgl. ORF Online und Teletext, 2012). Kolonnen-Verkehr bezeichnet Fahrzeuge, die virtuell miteinander verkuppelt werden und wie Waggons eines Güterzuges hintereinander her rollen. Die Straßen könnten so mehr LKWs aufnehmen, da der Abstand geringer werden kann und auch der Verbrauch würde durch einen sinkenden Luftwiderstand zurückgehen. Auch der Future Truck 2025 von Mercedes-Benz soll mithilfe des smarten Systems namens „Highway Pilot" selbst fahren. Der „Highway Pilot" vereint Assistenz- und Telematiksysteme, die heute bereits im Einsatz sind. Durch den Future Truck sollen mehr Sicherheit, weniger Kraftstoffverbrauch und verbesserte Arbeitsbedingungen gewährleistet werden (vgl. Daimler AG, 2021).

Innerhalb der Lagerlogistik werden immer stärker KI-unterstützte selbstfahrende Fahrzeuge bzw. **Lagerroboter** eingesetzt. Sie erkennen ihre Umgebung durch Kameras mit Bildsensoren und erkennen andere Fahrzeuge, Menschen, Regale und Paletten. Ein Praxisbeispiel für die Anwendung von KI in Logistik-Unternehmen liefert Amazon. Für Zubringerdienste im Lager setzt Amazon den Lagerroboter Kiva ein (vgl. Ramge, 2018, S. 71–73). Während früher Mitarbeiter die bestellten Produkte aus den Regalen holten, bringt nun ein orangefarbener Rollwagen mit einer Hubfunktion die bestellten Produkte zu einer Packstation, an der ein Mitarbeiter dann die Pakete zum Versand fertig macht. Ein Zentralrechner ermittelt mithilfe aller eingehenden Bestellungen den optimalen Weg für jeden einzelnen Lagerroboter. So kann ein Mitarbeiter im Vergleich zu früher pro Stunde zwei- bis dreimal so viele Sendungen vorbereiten. Im Amazon Development Center in Berlin steht die Verbindung von Mensch und Maschine im Vordergrund, indem die Maschine Routinetätigkeiten übernehmen soll. Ein Beispiel hierfür ist die Wahl der richtigen Verpackungsgröße beim Versand verschiedener Artikel in einem Karton. Die KI-Software wurde mit einigen Daten wie den Eckdaten der Artikel (Höhe, Breite, Länge, Gewicht), den Erfahrungen der Mitarbeiter und dem Feedback von Kunden versorgt, um daraus Muster zu erkennen und letztlich die richtige Verpackungsgröße herauszusuchen bzw. vorherzusagen. Als Konsequenz entsteht weniger Verpackungsmüll, was wiederum sehr gut für die Umwelt ist.

Ein weiteres KI-Einsatzfeld ist das **Transportwesen.** Im Transportwesen ist es auf der einen Seite sehr wichtig, Frachtraum möglichst gut auszulasten und Leerfahrten vor allem während der Rückfahrten zu vermeiden. Auf der anderen Seite möchten Kunden ihre Ware aber auch pünktlich, schnell und zugleich preiswert erhalten. Große Speditionen müssen deshalb ihre Fahrzeuge ständig überwachen und sehr oft kurzfristig, im Grunde genommen täglich und stündlich, immer wieder Ladungen und Kapazitäten matchen. Da dieses entscheidungsbasierte System sehr komplex ist, kommt hier eine KI zum Einsatz, die mithilfe ihrer Datenbasis und GPS-Koordinaten die Transportwege und -zeiten optimiert. Dabei wird nicht nur die aktuelle Ladung geplant, sondern auch die Verfügbarkeit der LKWs optimiert. Hierbei geht das System auch auf die Fahrer ein, die gewisse Strecken bevorzugen oder am Wochenende zu Hause sein wollen. Auch das Thema Pünktlichkeit, das in einer arbeitsteiligen Welt immer wichtiger wird, findet Beachtung. Diese komplexen Sachverhalte unterstützt beispielsweise Cargonexx aus Hamburg und ermöglicht das automatische Verplanen der Frachtraum-Kapazitäten mithilfe einer KI (vgl. Laude, 2015).

KI ermöglicht es, den zu erwartenden Ausfall von Maschinen in automatisierten Lagern zu erkennen und den Angestellten zu sagen, was sie zur Beseitigung des Problems tun müssen. Anstatt erst bei einer tatsächlichen Störung zu reagieren, lassen sich mit KI im Rahmen der sogenannten **Predictive Maintenance** Ausfallzeiten reduzieren und ein weitgehend unterbrechungsfreier Lagerbetrieb gewährleisten.[3] Durch den Einsatz von KI können Verzögerungen im Prozessablauf erkannt und vorhergesagt werden, um Auswirkungen früh zu erkennen und rechtzeitig Alternativen zu prüfen und ggf. einzusetzen. Der Grund für eine

---

[3] Vgl. zu diesen und den folgenden Ausführungen Grünweg (2014).

Verzögerung könnte beispielsweise ein Streik von Mitarbeitern des Hafens in Hongkong sein, der sich auf Lieferungen in Deutschland auswirken kann.

KI wird auch bei der Wartung von Flugzeugen eingesetzt. Diese findet in regelmäßigen Intervallen statt und orientiert sich an sogenannten Wartungshandbüchern, in denen die einzelnen Vorgänge genau beschreiben werden. Innerhalb der Wartung fallen regelmäßig zusätzliche unvorhergesehene Arbeiten an, die rund 80 % der Arbeitszeit beanspruchen. Die intensive Analyse dieser Prozesse mittels KI konnte die Arbeitszeit um rund 50 % reduzieren (vgl. Leven, 2018).

Auch die automatisierte Optimierung von **Lagerbeständen** ist jetzt möglich. Ein KI-System berechnet den Warenbedarf je Ort und entscheidet daraufhin, welche Waren in welchen Logistiklagern in welcher Menge vorrätig sein sollten.

3.14 Handel

Heute befinden sich Händler in einem komplizierten Beziehungsgeflecht zwischen Kunden, Herstellern, Logistikern und Plattformen. Sie können in diesem Wettbewerb nur überleben, wenn sie Kundenbedürfnisse optimal erfassen und möglichst effizient und passgenau erfüllen. Algorithmen und KI erschließen dabei ganz neue Dimensionen der Prozessplanung und -optimierung, der Personalisierung und der Produktpräsentation.

So planen 45 % der Händler in Deutschland, in den kommenden drei Jahren KI einzusetzen (vgl. BRP Consulting, 2020). Selbst stationäre Händler nutzen immer stärker diese neue Technologie. Sie profitieren dabei vom weltweiten Wissensaustausch und greifen gerne auf Konzepte zurück, die sich bei anderen Händlern bewährt haben (vgl. Puscher, 2019, S. 53).

Generell kann man im Handel bereits bei der Planung den Einsatz von KI nutzen (vgl. Gläß, 2018, S. 2–4). So lassen sich intelligente Bedarfsprognosen erstellen, um die Bestellmenge und den Bestellprozess zu optimieren, wodurch Lagerbestände reduziert werden können. Innerhalb der Produkt- und Preisdarstellung kann KI genutzt werden, um individualisierte Wünsche und Bedürfnisse zu erkennen und dem Kunden entsprechende Produkte zu individualisierten Preisen zu empfehlen. Auch innerhalb des Bereichs Beratung und Service baut der Handel auf KI und setzt Chatbots und intelligente Einkaufshilfen ein, die den Kunden 24/7 beraten. Die Einkaufsplanung wird damit unterstützt und der Einkaufsprozess vereinfacht. Darüber hinaus setzt der stationäre Handel zum Teil schon Verkaufs- und Promotionsroboter ein. Diese helfen dem Kunden bei der Navigation und stellen Produkte vor.

Eine weitere Anwendungsform im stationären Handel wäre z. B. eine individuelle Produktempfehlung direkt am sogenannten Point of Sale. Einige Händler setzen hierfür in den Umkleidekabinen Spiegel – sogenannte „Smart" bzw. „Magic Mirrors" – ein, die das gewählte Produkt scannen. Eine Empfehlungssoftware schlägt dann passende Ergänzungen vor und das Verkaufspersonal bringt diese Vorschläge auf Wunsch des Kunden direkt in die Kabine.

Man muss aber festhalten, dass es für den Handel sehr schwierig ist, passende Empfehlungen zu geben. Der Geschmack der Kunden ist sehr unterschiedlich und auch farbliche Übereinstimmungen oder Größenangeben sind nicht immer identisch. Hier könnte der Handel aber in Zukunft ebenfalls auf KI zurückgreifen. KI würde beispielsweise erkennen, dass viele Kunden eine ähnliche Produktkombination wählen, und daraus ableiten, dass bestimmte Kleidungsstücke zueinander passen. Ähnlich verhält es sich bei kategorieübergreifenden Empfehlungen. So könnte die Software erkennen, dass ein Kunde, der einen hochwertigen Anzug kauft, auch gerne noch hochwertige Schuhe erwirbt.

Mittels RFID-Chip könnte man auch erfassen, welche Produkte der Kunde in eine Umkleidekabine mitnimmt und welche Produkte er davon auch kauft oder wieder zurücklegt. So kann der Händler Erwartungen der Kunden und Produkteigenschaften abgleichen. Die Nutzung von KI-Daten kann auch den Service der Mitarbeiter verbessern. Das gilt sowohl für die Navigation im Laden wie auch für Produktempfehlungen oder das Bezahlen.

Alles, was sich digital erfassen lässt, kann der Händler für seine Zwecke nutzen. Er kann verschiedene Regalplatzierungen testen und überprüfen, welche Platzierung den höchsten Abverkauf erzielt. Eine KI könnte relativ schnell erkennen, ob sich ein Artikel besser oder schlechter als der Durchschnitt verkauft. KI-Systeme können aufgrund ihrer hohen Leistungsfähigkeit verschiedenste Daten (z. B. Wettervorhersagen) mit hausinternen und kundenspezifischen Daten kombinieren und so konkrete Absatzprognosen oder personalisierte Newsletter erstellen.

Das Unternehmen asphaltgold hat eine App entwickelt, mit deren Hilfe der Kunde die passende Schuhgröße findet (vgl. Asphaltgold, 2019). Sneaker fallen in der Regel trotz gleicher Größenangabe von Modell zu Modell sehr unterschiedlich aus. Die kostenlose App „asphaltgold fittingroom" ist eine mobile Größenberatung, die von 400.00 Nutzern heruntergeladen wurde (vgl. Gerth, 2018, S. 32). Das Unternehmen hilft dem Kunden dabei, auf Anhieb die richtige Größe zu finden. Zu diesem Zweck vergleicht asphaltgold das gesamte eigene Sortiment mit anderen Modellen. Anhand eines bereits gekauften Sneakers des Kunden wird die passende Größe für den Wunsch-Sneaker empfohlen.

KI wird inzwischen im Handel in allen Bereichen der Wertschöpfungskette eingesetzt. Media Markt und Saturn nutzen KI-Software zum Dynamic Pricing, d. h., der Kunde soll davon abgehalten werden, per Smartphone bei Amazon zu bestellen. Globus Supermärkte setzen KI ein, um auffällige Bewegungen von Kunden zu erkennen und damit Ladendiebstähle zu vermeiden. Dazu analysiert eine KI-Software mithilfe von Überwachungskameras die Bewegungen von Kunden und meldet Auffälligkeiten. Bei Walmart reinigen Reinigungsroboter die Gänge und digitale Kollegen füllen die Regale auf.

Mithilfe von KI, Big Data und Machine Learning kann auch der komplette E-Commerce-Prozess auf allen großen Verkaufsplattformen wie Amazon oder Ebay automatisiert werden. Das spart Händlern nicht nur Zeit und Geld, sondern verkauft die Produkte auch noch zum besten Preis. Mittels E-Commerce-Automation können Unternehmen exponentiell skalieren.[4]

Es gibt bereits zahlreiche Software-Lösungen, die einzelne Bereiche des Onlinehandels optimieren. Die intelligente Software kann dabei alle Verkaufsschritte für den Händler übernehmen, sodass er nur noch wenig Aufwand hat, seinen Online-Shop zu aktualisieren. Die Shop-Betreiber, Einzelhändler oder Großhändler definieren lediglich, welchen Mindestpreis oder welche Mindestmarge ihre Artikel erzielen sollen.

Ein sogenannter Reseller muss sein Produkt nicht einmal selbst auf der Verkaufsplattform listen. Mithilfe der EAN oder ASIN übernimmt die Software auch diesen Schritt und integriert selbstständig Produktbilder und Produktbeschreibung. Bei der Berechnung des optimalen Verkaufspreises berücksichtigt die Software automatisch für jedes Land alle weiteren Kosten wie beispielsweise Logistikkosten, Amazon-Gebühren, Steuern und voraussichtliche Kosten für Retouren. Der Algorithmus beobachtet gleichzeitig die Preise der Wettbewerber und kann mithilfe von KI die Preisentwicklung prognostizieren. Der Verkaufspreis wird dadurch kontinuierlich angepasst. Fehlen Konkurrenzangebote, wird der Preis angehoben, ist der jeweilige Artikel preislich hart umkämpft, senkt die KI den Preis. Auf diese Art und Weise wird das Produkt immer zum für den Händler optimalen Preis verkauft.

Hat ein Händler sein Produkt auf einer globalen Verkaufsplattform wie Amazon platziert, kann er bereits gelistete Produkte mit nur wenigen Klicks auf allen Amazon-Marktplätzen weltweit verkaufen. Die intelligente Software berücksichtigt dann automatisch die unterschiedlichen Steuersätze, die Währungsdifferenzen und andere länderspezifische Faktoren. Wird ein Produkt in einem Ländermarkt relativ schlecht und in einem anderen Ländermarkt relativ gut verkauft,

---

[4] Vgl. zu diesen und den folgenden Ausführungen Stockem (2019).

erkennt dies die KI automatisch und verstärkt das Angebot auf dem nachfrage-starken Markt. Die Software passt automatisch alle landestypischen Variablen, wie beispielsweise die Mehrwertsteuer, an. Neben der Entlastung des Händlers von Routinearbeiten optimiert das System den nationalen und internationalen Verkaufsprozess (vgl. Stockem, 2019).

Der Handel beschäftigt sich seit kurzer Zeit auch mit sprachgesteuertem Shopping (Voice Commerce) (vgl. Handelsverband Deutschland, 2020). Aktuell kann der Kunde in Deutschland nur mittels Alexa in Verbindung mit dem Amazon Marktplatz einkaufen. Sobald der Kunde seinen Kaufwunsch äußert, wird das Produkt mithilfe der Bestellhistorie des Kunden sowie einer Empfehlung von Amazon ausgewählt. Der Kunde muss nur noch die Bestellung bestätigen und schon erhält er das Produkt an die gewünschte Lieferadresse. In Kooperation mit Google Express bieten bereits mehr als 40 Händler in den USA diesen Dienst an. Dabei kommt dem Sprachassistenten eine große Bedeutung (Gatekeeper) zu, da 85 % der Konsumenten das Produkt kaufen, das ihnen Alexa vorgeschlagen hat (vgl. Handelsverband Deutschland, 2020).

Die Handelskette Douglas bietet mit Alexa ihren Kunden beispielsweise eine persönliche Duftberatung an. Anhand von fünf Fragen wie z. B. Anlass, Duft-note oder Produkteigenschaft wird aus einem Sortiment von mehr als 500 Düften ausgewählt. Der Einzelhändler Rewe bietet seinen Kunden mit „Caro" ebenfalls eine Sprachanwendung an, mit deren Hilfe 3000 Rewe-Rezepte angeboten wer-den. Der Sprachassistent liest die Zutatenliste vor oder stellt den Timer für den Backofen (vgl. Handelsverband Deutschland, 2020).

Literatur

1000° DIGITAL GmbH. (Hrsg.) (2018). Bot Check – Tagesschau Novi Bot. https://www. kiko.bot/blog/bot/bot-check-tagesschau-novi-bot/. Zugegriffen: 16. Juni 2022.

Abicht, L., Brand, L., Freigang, S., Freikamp, H., & Hoffknecht, A. (2010). Internet der Dinge im Bereich Smart House. Abschlussbericht. http://www.frequenz.net/uploads/ tx_freqprojerg/Abschlussbericht_Id__im_Smart_House_final.pdf. Zugegriffen: 23. Juli 2019.

Albert. (Hrsg.) (2018). Cosabella. https://albert.ai/cosabella/. Zugegriffen: 16. Juni 2022.

Appel, H. (2017). Der irre Aufwand für das autonome fahren. https://www.faz.net/aktuell/ technik-motor/motor/autonomes-fahren-die-mobilitaet-der-zukunft-15237336-p3.html. Zugegriffen: 16. Juni 2022.

Asphaltgold. (2019). Fittingroom. https://www.asphaltgold.com/de/cms/fittingroom. Zuge-griffen: 16. Juni 2022.

Bayerisches Staatsministerium des Innern, für Sport und Integration. (Hrsg.) (2015). Lkw-Parkleitsystem an der A9 zwischen Nürnberg und München. http://www.stmi.bayern.de/med/pressemitteilungen/pressearchiv/2015/171b/index.php. Zugegriffen: 16. Juni 2022.

Best, J. (2013). IBM Watson: The inside story of how the Jeopardy-winning supercomputer was born, and what it wants to do next. https://www.techrepublic.com/article/ibm-watson-the-inside-story-of-how-the-jeopardy-winning-supercomputer-was-born-and-what-it-wants-to-do-next/. Zugegriffen: 16. Juni 2022.

BMW AG. (Hrsg.) (2018). Kunst aus dem Computer: Faszination KI-Design. https://www.bmw.com/de/design/ki-design-und-digitale-kunst.html. Zugegriffen: 16. Juni 2022.

BMW AG. (Hrsg.) (2019). Die fünf Stufen bis zum autonomen Fahren. https://www.bmw.com/de/automotive-life/autonomes-fahren.html. Zugegriffen: 16. Juni 2022.

Borchers, D. (2019). Bundeswehr: Drohnenschwarm soll gläsernes Gefechtsfeld aufklären. https://www.heise.de/newsticker/meldung/Bundeswehr-Drohnenschwarm-soll-glaesernes-Gefechtsfeld-aufklaeren-4401975.html. Zugegriffen: 16. Juni 2022.

Brooimans, K., & Eisenhofer, A. (2018). *Handbuch Finanzinformationen: Der digitale Wandel und die nächste Generation von Finanzinformationssystemen.* FinanzBuch.

BRP Consulting. (2020). Startseite BRP. https://brpconsulting.com/. Zugegriffen: 16. Juni 2022.

BSH Hausgeräte GmbH. (Hrsg.) (2016). Mykie: Ein persönlicher Assistent für die Küche. Pressemitteilung. https://www.bsh-group.com/de/presse/pressemitteilungen/mykie-ein-persoenlicher-assistent-fuer-die-kueche. Zugegriffen: 16. Juni 2022.

Bundesanstalt für Straßenwesen. (Hrsg.). (o. J.). Intelligente Brücke. https://www.intelligentebruecke.de/ibruecke/DE/Home/home_node.html. Zugegriffen: 16. Juni 2022.

Bünte, C. (2018). *Künstliche Intelligenz – Die Zukunft des Marketing Ein praktischer Leitfaden für Marketing-Manager.* Springer Gabler.

Bundeskriminalamt. (Hrsg.) (2017). *COD-Literaturreihe Band 29, Polizei im Umbruch – Herausforderungen und Zukunftsstrategien.* BKA

Bundesministerium für Verkehr und digitale Infrastruktur. (2018). *Digitalisierung und Künstliche Intelligenz in der Mobilität, Aktionsplan.* Bundesministerium für Verkehr und digitale Infrastruktur.

Burkhart, M. (2018). Interview: Digitaler Zwilling – die Antwort auf das Gesundheitswesen von morgen. https://www.pwc.de/de/gesundheitswesen-und-pharma/interview-digitaler-zwilling-die-antwort-auf-das-gesundheitswesen-von-morgen.html. Zugegriffen: 16. Juni 2022.

Campillo, P. (2019). Technology Imitates Art, The rise of the conversational interface. https://www.typeform.com/blog/human-experience/cui/. Zugegriffen: 16. Juni 2022.

Capgemini. (2019). eGovernment Benchmark 2019. Empowering Europeans through trusted digital public services. https://www.capgemini.com/de-de/wp-content/uploads/sites/5/2019/10/eGovernment-Benchmark-Insight-Report.pdf. Zugegriffen: 16. Juni 2022.

City of Chicago. (Hrsg.) (2017). Strategic Subject List. https://data.cityofchicago.org/Public-Safety/Strategic-Subject-List/4aki-r3np. Zugegriffen: 16. Juni 2022.

Claudi, J. (2015). Künstliche Intelligenz beim Militär. https://www.dw.com/de/k%C3%BCnstliche-intelligenz-beim-milit%C3%A4r/a-18288938. Zugegriffen: 16. Juni 2022.

Contronics GmbH. (Hrsg.) (2015). Forschungsprojekt LivingCare. http://living-care.de/index.html. Zugegriffen: 16. Juni 2022.

Daimler AG. (Hrsg.) (2021). The pioneer of autonomous driving. Mercedes-Benz Future Truck 2025. https://www.daimler.com/innovation/autonomous-driving/mercedes-benz-future-truck.html. Zugegriffen: 16. Juni 2022

Deutsches Zentrum für Luft- und Raumfahrt e. V. (Hrsg.) (2019). VITA- Virtual Therapy Arm. https://www.dlr.de/rm/desktopdefault.aspx/tabid-12023/21136_read-49522/. Zugegriffen: 16. Juni 2022.

Dönges, J. (2016a). US-Wahl. 20 Prozent aller Wahltweets stammten von Bots. Spektrum. https://www.spektrum.de/news/20-prozent-aller-wahltweets-stammten-vonbots/1429117. Zugegriffen: 16. Juni 2022.

Dönges, J. (2016b). Computer erzeugt Gemälde aus Fotos. https://www.spektrum.de/news/computer-erzeugt-gemaelde-aus-fotos/1407867. Zugegriffen: 16. Juni 2022.

Drees, C. (2016). Sony: Künstliche Intelligenz komponiert Musik im Stil der Beatles. https://www.mobilegeeks.de/artikel/sony-kuenstliche-intelligenz-komponiert-musik-im-stil-der-beatles/. Zugegriffen: 16. Juni 2022.

Egbert, S. (2017). Siegeszug der Algorithmen? Predictive Policing im deutschsprachigen Raum. http://www.bpb.de/apuz/253603/siegeszug-der-algorithmen-predictive-policing-im-deutschsprachigen-raum?p=all. Zugegriffen: 16. Juni 2022.

Falmouth University (Hrsg.) (2016). Beyond the Fence: The first West End musical conceived and crafted by computerm. https://metamakersinstitute.com/2016/02/22/beyond-the-fence/. Zugegriffen: 16. Juni 2022.

Foye, L. (2017). Chatbot Conversations to deliver $8 billion in Cost savings by 2022. Juniper Research. Analyst Xpress. https://www.juniperresearch.com/analystxpress/july-2017/chatbot-conversations-to-deliver-8bn-cost-saving. Zugegriffen: 16. Juni 2022.

Fuchs, B. (2018). Künstliche Intelligenz. https://www.kriminalistik.de/editorial/kuenstliche-intelligenz. Zugegriffen: 16. Juni 2022.

Gast, R. (2018). KI entwirft neue Levels. https://www.spektrum.de/news/ki-entwirft-neue-levels/1564746. Zugegriffen: 16. Juni 2022.

Gerth, S. (2018). Chefsachen. *marketing im mittelstand, 8*, 30–32.

Gibney, E. (2018). MASCHINELLES LERNEN—KI entschlüsselt Hochtemperatur-Supraleiter. https://www.spektrum.de/news/kuenstliche-intelligenz-hilft-quantenphysikern-auf-die-spruenge/1609856. Zugegriffen: 16. Juni 2022.

Gläß, R. (2018). *Künstliche Intelligenz im Handel 1 – Überblick*. Springer Vieweg.

Google Ireland Limited. (Hrsg.) (2017). VITA – Virtual Therapy Arm. https://www.youtube.com/watch?v=aVWqX02nqj8. Zugegriffen: 16. Juni 2022.

Gorzelany, J. (2019). Autobahnfahrten, Spurwechsel, Parken, Auto apportieren und mehr: Was die Teslas schon können und wo der Weg in Zukunft hinführt. https://de.motor1.com/news/333883/teslas-autopilot-autonomes-fahren/. Zugegriffen: 16. Juni 2022.

Gruber, A. (2018). Umstrittene Gesichtserkennung soll ausgeweitet werden. https://www.spiegel.de/netzwelt/netzpolitik/berlin-gesichtserkennung-am-suedkreuz-ueberwachung-soll-ausgeweitet-werden-a-1232878.html. Zugegriffen: 16. Juni 2022.

Grünweg, T. (2014). Autonom fahrende Lkw, Laster ohne Lenker. https://www.spiegel.de/auto/aktuell/autonome-lkw-neue-technik-soll-fernfahrer-entlasten-und-sprit-sparen-a-978960.html. Zugegriffen: 16. Juni 2022.

Handelsblatt GmbH (Hrsg.) (2020). KI in der Finanzbranche: Wo Banken und Versicherer stehen – und wo sie hinwollen. https://www.handelsblatt.com/finanzen/banken-versic herungen/dossier-zum-download-ki-in-der-finanzbranche-wo-banken-und-versicherer-stehen-und-wo-sie-hinwollen/23863062.html?ticket=ST-51503145-XXzF1IeeIpvo4Ct QGH26-ap5. Zugegriffen: 16. Juni 2022.

Handelsverband Deutschland. (2020). Handel, 4.0, Digitale Sprachassistenten und Voice Commerce. https://einzelhandel.de/images/E-Commerce/Publikationen/Handel_4.0/han del40_voice_1804_2018_AS2.pdf. Zugegriffen: 16. Juni 2022.

Haufe-Lexware. (Hrsg.) (2018). Ergebnis des Pilotprojekts Gesichtserkennung zwecks Fahndung wird angezweifelt. https://www.haufe.de/compliance/recht-politik/umstrittenes-pil otprojekt-zur-automatischen-gesichtserkennung_230132_423350.html. Zugegriffen: 16. Juni 2022.

Hebermehl, G. (2019). Tesla will schon 2020 vollautonom fahren, Autonome Testfahrt im Video. https://www.auto-motor-und-sport.de/tech-zukunft/alternative-antriebe/tesla-autopilot-samsung-2019/. Zugegriffen: 16. Juni 2022.

Hein, D. (2018). Erst ein Viertel aller Unternehmen nutzen KI im Marketing. https://www. horizont.net/tech/nachrichten/Studie-Erst-ein-Viertel-aller-Unternehmen-nutzen-KI-im-Marketing-167143. Zugegriffen: 16. Juni 2022.

Herrmann, W. (2018). Künstliche Intelligenz hilft Banken bei der Digitalisierung. https:// www.computerwoche.de/a/kuenstliche-intelligenz-hilft-banken-bei-der-digitalisier ung,3544298,2. Zugegriffen: 16. Juni 2022.

Horchert, J. (2017). Gesichtserkennung am Berliner Südkreuz. Bitte gehen Sie weiter. Hier werden Sie gesehen. https://www.spiegel.de/netzwelt/netzpolitik/gesichtserkennung-am-berliner-suedkreuz-ein-test-fuer-unsere-freiheit-a-1160867.html. Zugegriffen: 16. Juni 2022.

Imilia Interactive Mobile Applications. (Hrsg.). (2019). Termin- und Ressourcenplanung für Krankenhäuser. https://www.timerbee.de/krankenhaus. Zugegriffen: 7. Juni 2019.

Jaedtke, K. (2019). KI als kreative Intelligenz? 4 Misserfolge und 3 Erfolge. https://blog.hub spot.de/marketing/kreative-intelligenz. Zugegriffen: 16. Juni 2022.

Janke, K. (2019). Algorithmen ante portas. *Absatzwirtschaft, 9*, 48–51.

Janssen, J.-K. (2018). Die Roboter-Busse: Wie wenig selbstständig autonome Busse noch sind. https://www.heise.de/newsticker/meldung/Die-Roboter-Busse-Wie-wenig-selbststa endig-autonome-Busse-noch-sind-4036565.html. Zugegriffen: 16. Juni 2022.

Jones, C. (2018). Alexa, I need … everything. Voice shopping sales could reach \$40 billion by 2022. USA Today. https://eu.usatoday.com/story/money/2018/02/28/alexa-need-eve rything-voice-shopping-becomes-common-sales-through-amazons-alexa-others-could-reach-4/367426002/. Zugegriffen: 16. Juni 2022.

Kazanli, S. (2016). *Smart Home – Internet der Dinge im privaten Umfeld*. Hochschule der Medien.

Knoll, M. (2016). Business-Intelligence-Anwendungen. (Vorlesung, Wintersemester 16/17). Hochschule Darmstadt.

Kott, A., & Stump, E. (2019). Intelligent Autonomous Things on the Battlefield. https://arxiv. org/ftp/arxiv/papers/1902/1902.10086.pdf. Zugegriffen: 16. Juni 2022.

Kräußlich, T. (2019). Künstliche Intelligenz: Eine sicherheitsrelevante Zukunftstechnologie. https://bdi.eu/artikel/news/kuenstliche-intelligenz-eine-sicherheitsrelevante-zukunftst echnologie/. Zugegriffen: 16. Juni 2022.

Krempl, S. (2018). US-Militär: Der künftige Cyberwar wird von Künstlicher Intelligenz ausgefochten. https://www.heise.de/newsticker/meldung/US-Militaer-Der-kuenftige-Cyberwar-wird-von-Kuenstlicher-Intelligenz-ausgefochten-4010345.html. Zugegriffen: 16. Juni 2022.

Kreutzer, R. T., & Sirrenberg, M. (2019). *Künstliche Intelligenz verstehen. Grundlagen – Use-Cases –unternehmenseigene KI-Journey.* Springer.

Kreutzer, R. T. (2020). KI-Einsatz zur Verbesserung der Customer Experience. Marketing Börse. https://www.marketing-boerse.de/fachartikel/details/2003-KI-Einsatz-zur-Verbesserung-der-Customer-Experience-1/163431. Zugegriffen: 16. Juni 2022.

Kunz, J. (2018). *Künstlich intelligente Chatbots im Einzelhandel: Kurzer Hype oder langfristige Chance?* Vortrag auf dem 5. Marketing Symposium der Hochschule Darmstadt.

Landeskriminalamt Nordrhein-Westfalen. (Hrsg.) (2018). Projekt SKALA. Abschlussbericht. https://polizei.nrw/sites/default/files/2019-01/180821_Abschlussbericht_SKALA_0.PDF. Zugegriffen: 16. Juni 2022.

Laude, C. (2015). Amazon setzt in der Logistik auf künstliche Intelligenz. https://www.amazon-watchblog.de/unternehmen/312-amazon-kuenstliche-intelligenz-logistik.html. Zugegriffen: 16. Juni 2022.

Lenzen, M. (2019). *Künstliche Intelligenz: Was sie kann & was uns erwartet* (3. Aufl.). Beck.

Leven, M. (2018). *The Swot of Artificial Intelligence.* Vortrag auf dem 5. Marketing Symposium der Hochschule Darmstadt.

Lobe, A. (2018). POLIZEIARBEIT: Künstliche Intelligenz hilft Kriminalistik. https://www.luzernerzeitung.ch/kultur/polizeiarbeit-kuenstliche-intelligenz-hilft-kriminalistik-ld.87348. Zugegriffen: 16. Juni 2022.

Maer, S. (Hrsg.) (2019a). Anwendung künstlicher Intelligenz in der Pharmaindustrie. https://www.ai-united.de/anwendung-kuenstlicher-intelligenz-in-der-pharmaindustrie/. Zugegriffen: 16. Juni 2022.

Maer, S. (Hrsg.) (2019b). KI in Logistik. https://www.ai-united.de/ki-in-logistik/. Zugegriffen: 16. Juni 2022.

Maulko, R. (2018). Nach Alexa kommt Pepper – Künstliche Intelligenz im Smart Home. https://www.e-wie-einfach.de/magazin/komfort/nach-alexa-kommt-pepper-k%C3%BCnstliche-intelligenz-im-smart-home. Zugegriffen: 5. Juni 2019.

Market Logic Software AG. (Hrsg.). (2019). About Market Logic. Technology leader in insights management. https://www.marketlogicsoftware.com/about/. Zugegriffen: 16. Juni 2022.

Marous, J. (2018). Meet 11 of the Most Interesting Chatbots in Banking. The Financial Brand.. https://thefinancialbrand.com/71251/chatbots-banking-trends-ai-cx/. Zugegriffen: 16. Juni 2022.

McLaughlin, M. (2019). How it works. How smart speakers and assistants are transforming our lives. https://www.lifewire.com/virtual-assistants-4138533. Zugegriffen: 16. Juni 2022.

Meier, A. (2009). *eDemocracy & eGovernment – Entwicklungsstufen einer demokratischen Wissensgesellschaft.* Springer.

Moritz, H.-J. (2019). Die Zukunft der Kriegsführung Killer-Roboter werden unsere Kriege verändern wie die Erfindung der Atombombe. https://www.focus.de/politik/sicherheitsreport/die-zukunft-der-kriegsfuehrung-killer-roborter-werden-kriege-veraendern-wie-die-erfindung-der-atombombe_id_10632916.html. Zugegriffen: 16. Juni 2022.

Mullard, A. (2018). MEDIZIN—Suche nach neuen Wirkstoffen im Chemie-Universum. https://www.spektrum.de/news/kuenstliche-intelligenz-findet-neue-wirkstoffe-in-der-medizin/1533475. Zugegriffen: 16. Juni 2022.

Nestler, Y. (2018). Kommissar K. I.. https://www.t-systems.com/de/best-practice/02-2018/fokus/prognose-software/predictive-policing-806172. Zugegriffen: 16. Juni 2022.

o. V. (2019a). US-Militär will verstärkt KI einsetzen. Der Tagesspiegel, 13.02.2019a. https://www.tagesspiegel.de/politik/kuenstliche-intelligenz-us-militaer-will-verstaerkt-ki-einsetzen/23981188.html. Zugegriffen: 16. Juni 2022.

o. V. (2019b). Wettrüsten mit Moskau und Peking—US-Militär setzt auf Künstliche Intelligenz. ntv. https://www.n-tv.de/politik/US-Militaer-setzt-auf-Kuenstliche-Intelligenz-article20855270.html. Zugegriffen: 16. Juni 2022.

o. V. (2019c). Den Durchblick behalten: KI im Online-Handel. *absatzwirtschaft, 9*, 30–31.

o. V. (2020). Smarte Wohnungswirtschaft. *Die Wohnungswirtschaft, 1*, 64.

ORF Online und Teletext. (Hrsg.) (2012). „Es war wirklich aufregend". https://orf.at/v2/stories/2122912/2122933/. Zugegriffen: 16. Juni 2022.

Otto. (Hrsg.). (2019). Kundenbewertungen für LASCANA Strandshirt. https://www.otto.de/p/lascana-strandshirt-759319385-kundenbewertungen/?aspect=Schnitt#variationId=759320411&scrollTarget=cr_aspectFilter. Zugegriffen: 16. Juni 2022.

Otto. (Hrsg.) (2021). Auf einen Blick. https://www.otto.de/unternehmen/de/wer-wir-sind/auf-einen-blick. Zugegriffen: 16. Juni 2022

Paddock, C. (o. J.). „Doktor" Watson, medizinische Entscheidungen zu informieren: Nicht Sherlocks Assistent, sondern ein Computer. https://www.3b-international.com/doctor-watson-to-inform-medical-decisions-not-sherlocks-assistant--but-a-computer. Zugegriffen: 16. Juni 2022.

Paudtke, N. (2019). Unfallursachen in Deutschland: Fehlverhalten erkennen und ihm entgegensteuern. https://www.bussgeldkatalog.org/unfallursachen/. Zugegriffen: 16.06.2022.

Pavlus, J. (2018). MASCHINEN VON MORGEN—Intelligent—und neugierig!. https://www.spektrum.de/news/intelligent-und-neugierig/1536223. Zugegriffen: 16. Juni 2022.

Podbregar, N. (2018). Waffen mit Computerhirn—Wenn Waffensysteme autonom werden. https://www.scinexx.de/dossierartikel/waffen-mit-computerhirn/. Zugegriffen: 16.06.2022.

Posadas, B. (2017). How strategic is Chicago's "Strategic Subjects List"? Upturn investigates. https://medium.com/equal-future/how-strategic-is-chicagos-strategic-subjects-list-upturn-investigates-9e5b4b235a7c. Zugegriffen: 16. Juni 2022.

Pothen, B. (2018). Künstliche Intelligenz – Fluch und Segen zugleich. Vortrag auf dem 5. Marketing Symposium der Hochschule Darmstadt.

PredPol. (Hrsg.) (2018). Overview. The history of predPol. https://www.predpol.com/about/. Zugegriffen: 16. Juni 2022.

PricewaterhouseCoopers. (Hrsg.) (2019). Die Revolution der Medizin. https://www.pwc.de/de/gesundheitswesen-und-pharma/wie-kuenstliche-intelligenz-das-gesundheitssystem-revolutioniert.html. Zugegriffen: 16. Juni 2022.

Puscher, F. (2017). Künstliche Intelligenz: Sprachsteuerung: Zukunft im E-Commerce? Verständnisprobleme. https://www.heise.de/ix/heft/Verstaendnisprobleme-3716791.html?view=&artikelseite. Zugegriffen: 16. Juni 2022.

Puscher, F. (2019). Wie KI den Handel unterstützt. *Absatzwirtschaft, 12*, 52–57.

Ramge, T. (2018). *Mensch und Maschine: Wie Künstliche Intelligenz und Roboter unser Leben verändern* (5. Aufl.). Reclam.

RefineAI, Inc. (Hrsg.) (2018). Ad Teardown: JOGGJEANS – Made to Run Away | Diesel. https://refineai.squarespace.com/blog/2018/3/30/ad-teardown-joggjeans-made-to-run-away-diesel. Zugegriffen: 16. Juni 2022.

Reinhardt, M. (2019). Wie KI in der öffentlichen Verwaltung gelingt. https://www.cio.de/a/wie-ki-in-der-oeffentlichen-verwaltung-gelingt,3605395. Zugegriffen: 16. Juni 2022.

Röder, B., & Grah, A. (2018). Immer mehr autonome Busse fahren inzwischen durch Deutschland — aber es gibt einen Haken. https://www.businessinsider.de/wirtschaft/immer-mehr-autonome-busse-fahren-inzwischen-durch-deutschland-aber-es-gibt-einen-haken-2018-12/. Zugegriffen: 16. Juni 2022.

Rondinella, G. (2016). Macht künstliche Intelligenz Kreative bald überflüssig?. https://www.horizont.net/tech/nachrichten/Die-Kampagne-vom-Bot-Macht-kuenstliche-Intelligenz-Kreative-bald-ueberfluessig-143308. Zugegriffen: 16. Juni 2022.

Scalable Capital Vermögensverwaltung GmbH. (Hrsg.) (2020). Deutschlands führender Robo-Advisor. https://de.scalable.capital/. Zugegriffen: 16. Juni 2022.

Schlütersche Verlagsgesellschaft. (Hrsg.) (2017). Robot – Straßenbau 4.0. https://www.baunetzwerk.biz/robot-strassenbau-40/150/1990/105481/. Zugegriffen: 16. Juni 2022.

Shah, S. (2017). Police body cams will soon use AI to find missing people. https://www.engadget.com/2017/07/17/police-body-cams-AI/. Zugegriffen: 16. Juni 2022.

Shum, H.-Y., He, X., & Li, D. (2018). From Eliza to XiaoIce: Challenges and opportunities with social chatbots. https://arxiv.org/ftp/arxiv/papers/1801/1801.01957.pdf. Zugegriffen: 16. Juni 2022.

Sieber, A. (2019). *Dialogroboter. Wie Bots und künstliche Intelligenz Medien und Massenkommunikation verändern.* Springer VS.

SO1 GmbH. (Hrsg.) (2019). Increase your baskets by more than 10 %. While spending less on discounts. https://www.so1.ai/solutions/. Zugegriffen: 16. Juni 2022.

Sonepar Deutschland. (Hrsg.) (2017). Medizinrobotik – Künstliche Intelligenz im OP-Saal oder doch alles nur Technik?. https://sonepar-innovationlab.com/medizinrobotik-kuenstliche-intelligenz-op/. Zugegriffen: 16. Juni 2022.

Spiegel Online. (Hrsg.) (2018). Vermisst in Deutschland. Mehr als 11.000 Menschen werden gesucht. https://www.spiegel.de/panorama/justiz/deutschland-mehr-als-11-000-menschen-werden-vermisst-a-1198319.html. Zugegriffen: 16. Juni 2022.

Statista. (Hrsg.) (2016). Welchen Nutzen versprechen Sie sich vom Einsatz von Smart-Home-Anwendungen insgesamt?. https://de.statista.com/statistik/daten/studie/437068/umfrage/versprochener-nutzen-von-smart-home-in-deutschland/. Zugegriffen: 16. Juni 2022.

Stockem, S. (2019). E-Commerce-Automation: KI für den Amazon-Handel. https://www.email-marketing-forum.de/fachartikel/details/1950-E-Commerce-Automation-KI-fuer-den-Handel-auf-Amazon/162583/. Zugegriffen: 16. Juni 2022.

Strobel, C. (2018). Smart Home 2.0: Wie das Smart Home durch Künstliche Intelligenz noch intelligenter wird. https://christopherstrobel.de/2018/04/20/smart-home-2-0-wie-das-smart-home-durch-kuenstliche-intelligenz-noch-intelligenter-werden/. Zugegriffen: 16. Juni 2022.

Varol, O., Ferrara, E., Davis, C. A., Menczer, F., & Flammini, A. (2017). Online Human-Bot Interactions: Detection, Estimation, and Characterization. ArXiv. https://arxiv.org/pdf/1703.03107. Zugegriffen: 16. Juni 2022.

Wallenfels, M. (2018). Mehr Durchblick im OP. https://www.aerztezeitung.de/praxis_wirtschaft/e-health/article/956676/big-data-kuenstliche-intelligenz-durchblick-op.html. Zugegriffen: 16. Juni 2022.

Welchering, P. (2019a). Wie KI-Systeme die militärische Ausbildung verändern. https://www.deutschlandfunk.de/kuenstliche-intelligenz-wie-ki-systeme-die-militaerische.684.de.html?dram:article_id=444440. Zugegriffen: 16. Juni 2022.

Welchering, P. (2019b). Die neue Angriffswaffe der Bundeswehr?. https://www.deutschlandfunk.de/kuenstliche-intelligenz-die-neue-angriffswaffe-der.676.de.html?dram:article_id=424217. Zugegriffen: 16. Juni 2022.

Westerheide, F. (2016). Chatbots machen Apps und Websites überflüssig. https://www.internetworld.de/data-und-analytics/bots/chatbots-apps-websites-ueberfluessig-1118739.html. Zugegriffen: 16. Juni 2022.

WhiteMatter Labs GmbH. (Hrsg.) (2019). EyeQuant Fuses Leading Neuroscience and AI to Give Accurate Learnings for How Users Will Respond To Your Designs. https://www.eyequant.com/technology. Zugegriffen: 16. Juni 2022.

Wittpahl, V. (2019). *Künstliche Intelligenz. Technologie|Anwendung|Gesellschaft*. Springer Vieweg.

Wolfangel, E. (2019). TRANSFER LEARNING—KI mit Zauberei. https://www.spektrum.de/news/ki-mit-zauberei/1646056. Zugegriffen: 16. Juni 2022.

Worswick, S. (2019). Meet Mitsuku. https://www.pandorabots.com/mitsuku/. Zugegriffen: 16. Juni 2022.

YOUSE GmbH. (Hrsg.) (2018). Selbstlernende KI im Smarthome-Learnings aus einem knappen Jahr Feldtest. https://www.youse.de/de/unternehmen/news/detail/n/232. Zugegriffen: 2. Juni 2019.

Zeit Online. (2019). KI soll Beethovens „Unvollendete" vollenden. https://www.zeit.de/news/2019-12/08/ki-soll-beethovens-unvollendete-vollenden. Zugegriffen: 16.06.2022.

Risiken der Künstlichen Intelligenz

4

Nachdem in Kap. 3 sehr viele praxisbezogene Anwendungsfelder aufgezeigt wurden, werden nun die Risiken der KI beleuchtet. KI-Systeme kann man grundsätzlich mit Computersystemen vergleichen, die ausfallen oder gehackt werden können. So wurde beispielsweise das Klinikum Fürstenfeldbruck im Jahr 2018 gehackt und es dauerte vier Tage bis der Klinikbetrieb wieder aufgenommen werden konnte. Einige Tage später fiel das Rechenzentrum des Klinikums Dachau aus (vgl. Leven, 2018).

Welche grundlegende Dynamik in dem Bereich der KI steckt, zeigte unter anderem die KI-Anwendung AlphaGO Zero, die im Jahr 2018 den besten Schachspieler der Welt nach nur wenigen Stunden besiegte (vgl. Parsch, 2018). Einer breiten Öffentlichkeit wurde damals aufgezeigt, welche Potenziale in KI stecken.

KI beeinflusst unser Leben in vielen Teilbereichen und es besteht die Gefahr, dass die Anwendungen in Zukunft auf ein menschliches bzw. übermenschliches Niveau anwachsen. Viele Experten vertreten die Meinung, dass KI neben vielen Chancen auch eine ganze Reihe von Risiken mit sich bringt. Apokalyptiker wie der Oxford-Philosoph Nick Bostrom fürchten sogar die Übernahme der Maschinen und das Ende der Menschheit (vgl. Ramge, 2018, S. 10). Obwohl dieses Phänomen sehr unwahrscheinlich ist, sollte man die Aufmerksamkeit auch auf potenzielle Bedrohungen richten.

Wie mit jeder neuen Entwicklung gehen auch mit der KI-Technologie nicht nur Chancen, sondern auch Risiken einher. Auf der Pro-Seite ist KI eine Technologie mit zahlreichen Perspektiven und hohen Erwartungen an ihre Anwendungen. Auf der anderen Seite können die Risiken auch schwerwiegende Folgen haben. Der Einsatz von KI kann zu einer höheren Arbeitslosigkeit führen oder zu Sicherheitsproblemen, wie beispielsweise Hackerangriffen. Außerdem kann KI im militärischen Bereich eingesetzt werden. Diese vielfältigen Risiken werden in den folgenden Abschnitten in ihren Grundsätzen erläutert.

M. Neu et al., *Anwendungsfelder und Herausforderungen der Künstlichen Intelligenz,* https://doi.org/10.1007/978-3-658-38891-1_4

4.1   Automatisierung und Arbeitslosigkeit

Verbesserte Prozessorleistungen und der Einsatz von KI verleihen Maschinen und Rechnern bereits heute schon umfassende kognitive Fähigkeiten. Immer mehr Tätigkeiten können autonom ausgeführt werden. Man könnte deshalb davon ausgehen, dass ein immer größerer Teil menschlicher Arbeitsleistung durch KI ersetzt wird. Politiker warnen schon vor sozialen Verwerfungen und einer Massenarbeitslosigkeit. Andererseits werden durch den Einsatz von KI auch völlig neue Berufsfelder entstehen (vgl. Heinen et al., S. 714–716).

KI wird menschliche Tätigkeiten und Berufe in drei Bereichen beeinflussen (vgl. Heinen et al., S. 715):

1. **Ersatz menschlicher Arbeit durch Roboter:** Viele Tätigkeiten werden schnell, zuverlässig und in höchster Qualität verrichtet.
2. **Effizienzsteigerung durch intelligente Zuarbeit:** KI kann in der Wertschöpfung viele Prozesse unterstützen, indem große, unstrukturierte Datensätze relativ schnell verarbeitet werden.
3. **Neue Aufgaben für Arbeitnehmer und Unternehmen:** Durch anfallende Daten und deren effiziente Auswertung werden u. U. neue Geschäftsmodelle entwickelt.

KI arbeitet aus diesen Gründen nicht nur für den Menschen, sondern auch anstelle des Menschen (vgl. Lenzen, 2019, S. 196). KI ist heute schon in verschiedenen Bereichen im Einsatz (vgl. Pothen, 2018). Algorithmen übernehmen kognitive Routinetätigkeiten. Dies vollzieht sich nicht nur bei Arbeitsplätzen mit einem niedrigen Qualifikationsniveau, sondern zum Teil auch bei hochqualifizierten Arbeitsplätzen (vgl. Buxmann & Schmidt, 2019, S. 30).

Nach der Studie der Ökonomen Carl Frey und Michael Osborne könnten Roboter und intelligente Software in den kommenden zehn bis 20 Jahren 47 % aller Arbeitsplätze in den USA übernehmen (vgl. Lenzen, 2019, S. 197). Obwohl die Wirtschaft in den vergangenen Jahren gewachsen ist, geht das nicht wie sonst üblich mit einer erhöhten Nachfrage nach Arbeitskräften einher. Scott Anderson sagte, dass Amazon noch mindestens zehn Jahre brauchen wird, um vollautomatisch alle Lagertätigkeiten zu organisieren. Amazon setzt aktuell jedoch schon mehr als 100.000 Roboter ein (vgl. Kreppmeier, 2019).

Ein anderes Anwendungsbeispiel sind Versicherungen. Die Lebensversicherung Fukoku Mutual Life Insurance führte IBMs Watson-System ein und entließ dafür fast 30 % der Mitarbeiter in der betroffenen Abteilung. Bei der US-Großbank Citigroup könnten innerhalb der kommenden fünf Jahre ungefähr die

Hälfte aller Stellen im technischen und operativen Bereich durch KI-Technik ersetzt werden (vgl. Finanzen.net, 2018).

Vergleicht man die Einführung von KI im historischen Kontext, kann man Parallelen zur industriellen Revolution feststellen. So werden heute wie damals viele Mitarbeiter von Arbeitslosigkeit bedroht. Die Einführung neuer Technologien hat in der Vergangenheit zwar letztlich mehr Arbeitsplätze geschaffen, hatte aber zunächst lange Verwerfungen auf dem Arbeitsmarkt ausgelöst. Die Massenproduktion und die Einführung der Fließfertigung führten zu einer hohen Arbeitslosigkeit und einem relativ niedrigen Lohnniveau. Dies beeinträchtigte die Lebensqualität der Arbeitnehmer in einem erheblichen Maße (vgl. Lenzen, 2019, S. 198).

Experten sind sich noch nicht einig, welche möglichen Auswirkungen der Einsatz von KI auf dem Arbeitsmarkt hat. Die optimistische Perspektive liest sich wie folgt: Die Einführung von intelligenten Maschinen wird die Produktivität erhöhen und die Produkte billiger werden lassen. Dies führt zu einer erhöhten Nachfrage, die den Jobverlust mehr als ausgleicht. Die KI erschafft auch neue Erwerbszweige und neue Stellen. Die pessimistische Ansicht ist, dass zahlreiche Arbeitsplätze durch Roboter und intelligente Maschinen ersetzen werden. Die intelligenten Maschinen werden auch den Arbeitsmarkt in wenige hochwertige Jobs und in viele schlecht bezahlte Arbeitsstellen aufspalten. Die dramatischen Verwerfungen am Arbeitsmarkt werden dazu führen, dass die Mittelschicht bald verschwunden sein wird und sich die Kluft zwischen Arm und Reich extrem vergrößert (vgl. Lenzen, 2019, S. 199).

Es ist nicht leicht zu sagen, welche Perspektive realistischer ist. Die Wirkung von KI wird sich erst in einiger Zeit in vollem Umfang am Arbeitsmarkt niederschlagen. Die Änderungen in der Arbeitsstruktur sind allerdings ohnehin sicher. Um dramatische soziale Umwälzungen zu vermeiden, sollten Unternehmen mehr soziale Verantwortung übernehmen und entsprechende Rahmenbedingungen über KI aufstellen.

4.2 Überwachung und Manipulationen

Ein ernstes Problem ist der Missbrauch von KI-Technologie, die dazu genutzt werden kann, Bürger bzw. Kunden zu überwachen bzw. zu manipulieren.

So könnte Gesichtserkennung genutzt werden, um Bürger noch stärker zu überwachen. Dies wird bereits in China angewandt und wird mit einem Sozialkreditsystem (Social Scoring) dokumentiert (vgl. Ankenbrand, 2019, S. 20). Alle möglichen Verhaltensdaten der chinesischen Staatsbürger werden in allen erdenklichen Lebenslagen erfasst und beurteilt. So erhalten sie negative Punkte, wenn sie beispielsweise die Straße bei Rot überqueren, den Müll nicht richtig trennen oder die Eltern nicht oft genug besuchen. Wenn die Sozialkreditpunkte einen schlechten Wert aufweisen, kann einem Bürger das Buchen eines Fluges bzw. eines Hochgeschwindigkeitszuges verweigert werden. Darüber hinaus wird eine Karriere bei staatlichen und staatsnahen Organisationen behindert oder Internetgeschwindigkeit gedrosselt.

Chinesische Staatsbürger mit einem positiven Rating bekommen einen einfachen und schnelleren Zugang zu Konsumkrediten und werden bei Ausreisebestimmungen, z. B. bei der Beantragung eines Visums, bevorzugt. Dieses Punktesystem soll demnächst auch auf Unternehmen übertragen werden. Am Ende existiert eine Datenbank, in der jedes Unternehmen und jeder Angestellte gläsern ist (vgl. Pothen, 2018).

Die zunehmende Digitalisierung in den eigenen vier Wänden birgt ebenfalls die Gefahr der Überwachung (vgl. Pietschmann, 2019, S. 22). Immer mehr sogenannte smarte Haushaltsgeräte haben Mikrophone oder Kameras und bieten damit eine Angriffsfläche. Verschafft sich ein Hacker Zugriff auf den Server, kann er eine fremde Wohnung ausspionieren. Die Sicherheitslücken befinden sich nicht nur in Rechnern, Laptops oder Smartphones, sondern erweitern sich auf Saugroboter, Überwachungskameras, Sprachassistenten oder sogar Spielzeug wie beispielsweise sprechende Puppen oder Stofftiere. So erstellen Saugroboter einen Grundriss der Wohnung, Sprachassistenten nehmen eventuell mehr auf, als sie sollen, sprechende Puppen beobachten die Kinder und Überwachungskameras spionieren die Wohnung aus. Hinsichtlich der Unverletzlichkeit der Wohnung und der digitalen Sicherheit besteht aktuell dringend Handlungsbedarf.

KI-Technologie kann auch für die Zwecke von Cyberkriminellen missbraucht werden. Sie nutzen KI-Technologie und versuchen, andere Menschen z. B. bei Wahlentscheidungen zu manipulieren oder deren Daten zu missbrauchen.

Wie bereits erwähnt, geht man davon aus, dass automatisierte Accounts 20 % aller thematisch passenden Tweets produzieren (vgl. Dönges, 2016). Dadurch können Falschinformationen leicht und schnell verbreitet und politische Diskussionen verzerrt werden. Identity-Bots können bestehende Meinungen verstärken, indem sie bestimmten Interessensgruppen immer wieder bestärkende Mitteilungen zusenden.

Ein weiteres Beispiel sind sogenannte Deepfakes. Der Name Deepfakes entstand, als ein Nutzer von Reddit mithilfe der KI-Technik ein täuschend echtes Videoerstellte. Sie sind eine der neuesten Formen der Manipulation der digitalen Medien (vgl. The New York Times Editorial Staff, 2019).

Die Methode kann künstlerisch genutzt werden, aber auch, um Politiker auf Videoportalen falsch darzustellen. Jedes beliebige Gesicht kann per Software nachträglich in Videos montiert werden (vgl. Maier, 2018). In der Zukunft könnten Deepfakes auch die Wirtschaft bedrohen, indem Kriminelle sich als Manager ausgeben und dann Straftaten nicht nur per E-Mail, sondern auch per Telefon oder Video-Chat begehen. Organisationen wie die Defense Advanced Research Projects Agency (DARPA) versuchen, die Deepfakes durch GAN-Netzwerke zu identifizieren. Die Technik basiert auf zwei künstlichen neuronalen Netzen, die sich gegenseitig überlisten. Beide Netze arbeiten mit Daten, wobei das eine Netz echte und unechte Daten generiert. Das andere Netz versucht die unechten Daten zu erkennen (https://www.bigdata-insider.de/was-ist-ein-generative-adv ersarial-network-gan-a-999817/). Durch Verknüpfung lernen beide Netze ständig voneinander und können so bei Anwendung falsche Daten (Fotos, Videos) erkennen. Bei Fotos ist es relativ einfach, ein echtes Bild von einem Deepfakes zu unterscheiden. Wenn Videos zu überprüfen sind, ist die Identifizierung jedoch schwierig. Für lange Zeit bestand sogar die Befürchtung, dass man das echte Material nicht von Deepfakes unterscheiden könnte (vgl. Hafen, 2019a).

Hackerangriffe sind ein weiteres Beispiel für Cyberkriminalität. Mithilfe von KI lassen sich Angriffe immer effizienter durchführen und sie sind schwerer zu entdecken und zu verfolgen (Vgl. Hafen, 2019b).

Da KI eine aufstrebende neue Technik ist, kann es aufgrund der technischen Unreife schnell zu Sicherheitsproblemen kommen. Künstliches Denken basiert auf vielen undurchsichtigen, mathematisch komplexen Vorgängen. Zwischen den eingegebenen Daten und der Ausgabe gibt es eine „verborgene Schicht", die sogenannte Blackbox (vgl. Bastian, 2018).

Der Robotik-Experte Dean Pomerleau war ein Pionier im Bereich autonomes Fahren. Er versuchte bereits im Jahr 1991, Autos durch neuronale Netze zu steuern. Bei einem seiner Experimente fuhr das Auto mit einem Autopiloten. Während der Fahrt scherte das Auto vor einer Brücke plötzlich seitwärts aus und Dean Pomerleau konnte nur durch einen schnellen Eingriff einen Unfall vermeiden. Er forschte daraufhin nach den Ursachen des unkontrollierten Ereignisses und stellte das Phänomen der Blackbox fest. Auch heute ist das Blackbox-Problem von hoher Relevanz. Es steht die Frage im Mittelpunkt: Wie findet eine Maschine die richtige Entscheidung? Im Jahr 2014 konnte Jeff Clune beweisen, dass neuronale Netze leicht zu manipulieren sind. Dies kann von Hackern ausgenutzt werden (vgl. Castelvecchi, 2016). Selbstfahrende Autos, Roboter und andere KI-Anwendungen können rechtswidrig manipuliert werden – mit fatalen Folgen für die Nutzer.

Langfristig sagen Wissenschaftler vorher, dass sich KI zu einer Superintelligenz weiterentwickeln wird. KI hat dann wahrscheinlich eine andere kognitive
Struktur bzw. bessere kognitive Fähigkeiten als ein Mensch (vgl. Hofmann, 2016).
Diese Superintelligenz kann zu weitreichenden Konsequenzen führen, denn Menschen werden wahrscheinlich die Kontrolle über KI verlieren bzw. KI könnte die
Kontrolle über Menschen gewinnen. Stephen Hawking, Bill Gates, Steve Wozniak und Elon Musk sind nur einige berühmte Namen, die Bedenken haben, dass
die Entwicklung von KI ohne Beschränkung zu unkontrollierbaren Sicherheitsrisiken führen wird (vgl. Civey, 2018). Einige Forschungsgruppen untersuchen
derzeit Roboter und Maschinen mit Bewusstsein. Beispielsweise hatte Lola Can-
amero, Leiterin des Labors für verkörperte Emotion, Kognition und Interaktion an
der Hertfordshire Universität, versucht, Emotionen in Roboter zu implementieren.
Durch Hormone hatte sie eine chemische Funktion in Robotern ausgelöst. Dies
geschieht unter der Annahme, dass Gefühle wie bspw. Freude oder Trauer bei
Menschen eine spezifische biologische Funktion erfüllen (vgl. Wolfangel, 2018).

4.3   Datenschutz

Wie bereits erwähnt, basieren immer mehr alltägliche Anwendungen auf KI.
Auf der einen Seite ist die Verwendung intelligenter Werkzeuge für den Alltag sehr nützlich. Auf der anderen Seite ist der verstärkte Einsatz von KI auch
eine Gefahr für den Datenschutz des Einzelnen. Eine Verletzung des Schutzes
personenbezogener Daten kann ernst zu nehmende Folgen haben (z. B. Nutzung personenbezogener Daten, Diskriminierung etc.) (vgl. Bitkom e. V., 2017,
S. 132).
   Auf der Grundlage von Big Data können durch die Weiterentwicklung
von KI sehr schnell und unkompliziert personenbezogene Daten erhoben und
analysiert werden. Die Bedrohung spiegelt sich in vielfältigen Anwendungen
wider. KI-Systeme können nicht nur die Beleuchtung, die Innentemperatur und
Musik automatisch an die Verhaltenspräferenzen verschiedener Personen anpassen, sondern auch durch Fingerabdrücke, Herzschläge oder andere physiologische
Merkmale einzelne Personen identifizieren und durch Informationen über Schlaf-
zeit, Bewegung und Essgewohnheiten beurteilen, ob ein Mensch körperlich
gesund ist.
   Einerseits nutzt der Verbraucher digitale Assistenten wie Google Home oder
Amazon Echo für den Alltag. Anderseits darf man nicht vergessen, dass die
Geräte in der Regel immer eingeschaltet sind und ständig Nutzerdaten sammeln
und analysieren. Auch der Staubsauger-Roboter „Roomba" geriet im Jahr 2017

in die Kritik, da er die Raumdaten aufnahm und eine digitale Karte der Wohnung erstellte. Der Hersteller iRobot leitete diese Daten an Unternehmen wie Google oder Amazon weiter (vgl. PROLIANCE GmbH, 2019).

Ein weiterer Aspekt ist das Cloud-Computing. Die Nutzung von Cloud-Computing ist nicht nur mit niedrigen Kosten verbunden, da die Infrastruktur gemeinsam genutzt werden kann, sondern hat auch eine höhere Flexibilität, da Ressourcen nach Bedarf angemietet werden können. Viele Unternehmen nutzen die Datenspeicherung im Cloud-Computing. Zu beachten sind dabei allerdings immer die Rahmenbedingungen der Datensicherheit und des Datenschutzes. Auf der einen Seite werden die großen Cloud-Anbieter zu attraktiven Zielen für mögliche Angriffe, weil sie eine erhebliche Menge an vertraulichen Informationen abgespeichert haben. Auf der anderen Seite liegt eine weitere Form des Kontrollverlusts darin, dass wichtige Daten den Cloud-Anbietern vorliegen (vgl. VFR Verlag für Rechtsjournalismus, 2018).

Die EU-DSGVO, welche 2016 in Kraft trat und seit dem Jahr 2018 angewendet werden muss, stellt einen entscheidenden Rechtsrahmen für Unternehmen in der EU dar. Bei der Konzeption der EU-DSGVO wurde allerdings der Einsatz von Algorithmen wie Big Data und KI noch nicht explizit geregelt (vgl. Bitkom e. V., 2017, S. 133). KI ist ein zweischneidiges Schwert. Wenn sie missbraucht wird, kann dies zu irreparablen Konsequenzen führen. Aus diesem Grund sollten weitere gesetzliche Regelungen getroffen werden, die die Anwendung von KI streng kontrollieren (vgl. Bitkom e. V., 2017, S. 20).

4.4 Militär

In den letzten Jahren wurde die KI verstärkt auch im militärischen Bereich eingesetzt. Intelligente Waffen und Ausrüstungen, wie Drohnen und Kampfroboter, verändern die moderne Kriegsführung. So werden Killerroboter – furchtbarste Gestalten aus der Science-Fiction – schrittweise Realität. Im Jahre 2017 haben über 100 KI- und Technologie-Experten, wie Elon Musk, Steve Wozniak und Stephen Hawking, einen offenen Brief an die UNO geschrieben, um autonome Waffen zu verbieten (vgl. Kovic, 2018).

KI-Technik ist auf dem Schlachtfeld vielfältig einsetzbar. (Teil-)autonome Waffensysteme können Raketenabwehrsysteme, Drohnen, autonome Sanitäts-, Erkundungs- oder Rettungsfahrzeuge sein. Darüber hinaus gibt es unterschiedliche Apparaturen, wie eine Datenbrille, die die Leistungsfähigkeit der Soldaten verbessern kann. Im Bereich der Spionage spielt KI-Technik ebenso eine Rolle wie auf den neu entstandenen „virtuellen Schlachtfeldern", im sogenannten Cyberkrieg (vgl. Lenzen, 2019, S. 211).

Am umstrittensten ist aber der Einsatz von autonomen Waffen, die selbstständig ihre Ziele suchen und Angriffe ausführen. Diese Roboter könnten ohne Beteiligung des Menschen über Leben und Tod entscheiden. Nach der Erfindung des Schießpulvers und der Atomwaffen führt die Entwicklung der autonomen Waffen zu der dritten Revolution in der Kriegstechnik. Autonome Waffen, auch „Killerroboter" genannt, könnten endlos und ohne Müdigkeit kämpfen (vgl. Lenzen, 2019, S. 212).

Mehr als 190 Staaten haben eine Übereinstimmung darüber erzielt, keine chemischen Waffen im Krieg einzusetzen. Im Juli 2017 wurde auch der Atomwaffenverbotsvertrag verabschiedet, der besagt, dass die Entwicklung, die Produktion, der Test, der Erwerb, die Lagerung, der Transport, die Stationierung und der Einsatz von Atomwaffen verboten sind (vgl. Hilz & Nötzold, 2018, S. 353–355). Da mittels KI Staaten ihre militärische Schlagkraft deutlich erhöhen können dies zu gefährlichen Eskalationen führen kann, sollte auch der Einsatz von autonomen Waffen verboten bzw. streng kontrolliert werden.

Literatur

Ankenbrand, H. (2019). Komplett überwacht in China. *FAZ,* 29.08.2019, S. 20.

Bastian, M. (2018). Künstliche Intelligenz: Keine Angst vor der Blackbox. https://mixed.de/kuenstliche-intelligenz-keine-angst-vor-der-blackbox/. Zugegriffen: 16. Juni 2022.

Bitkom e. V. (2017). Künstliche Intelligenz – Wirtschaftliche Bedeutung, gesellschaftliche Herausforderungen, menschliche Verantwortung. https://www.dfki.de/fileadmin/user_upload/import/9744_171012-KI-Gipfelpapier-online.pdf. Zugegriffen: 16. Juni 2022.

Buxmann, P., & Schmidt, H. (2019). *Künstliche Intelligenz. Mit Algorithmen zum wirtschaftlichen Erfolg.* Springer Gabler.

Castelvecchi, D. (2016). Eine tückische Blackbox. https://www.spektrum.de/news/eine-tueckische-blackbox/1429906. Zugegriffen: 16. Juni 2022.

Civey. (Hrsg.) (2018). Künstliche Intelligenz: Deutsche sehen eher Risiken als Chancen. https://www.it-daily.net/analysen/kuenstliche-intelligenz-deutsche-sehen-mehr-risiken-als-nutzen. Zugegriffen: 16. Juni 2022.

Dönges, J. (2016). US-Wahl. 20 Prozent aller Wahltweets stammten von Bots. Spektrum. https://www.spektrum.de/news/20-prozent-aller-wahltweets-stammten-vonbots/1429117. Zugegriffen: 16. Juni 2022.

Finanzen.net. (Hrsg.). (2018). Citigroup plant anscheinend Stellenabbau im Investmentbanking. https://www.finanzen.net/nachricht/aktien/tausende-stellen-in-gefahr-citigroup-plant-anscheinend-stellenabbau-im-investmentbanking-6279609. Zugegriffen: 16. Juni 2022.

Hafen, T. (2019a). Die dunkle Seite der Künstlichen Intelligenz. https://www.com-magazin. de/praxis/kuenstliche-intelligenz/dunkle-seite-kuenstlichen-intelligenz-1700230.html. Zugegriffen: 16. Juni 2022.

Hafen, T. (2019b). Effizienter angreifen. https://www.com-magazin.de/praxis/kuenstliche-intelligenz/dunkle-seite-kuenstlichen-intelligenz-1700230.html?page=1_effizienter-ang reifen. Zugegriffen: 16. Juni 2022.

Heinen, N., Heuer, A., & Schautschick, P. (2017). Künstliche Intelligenz und der Faktor Arbeit. *Wirtschaftsdienst, 97*(10), 714–724.

Hilz, W., & Nötzold, A. (2018). *Die Zukunft Europas in einer Welt im Umbruch.* Springer VS.

Hofmann, M. (2016). KI Revolution — Mögliche Folgen von technologischer Singularität. https://medium.com/@mauricehofmann/ki-revolution-mögliche-folgen-von-techno logischer-singularität-b0130a1831d4. Zugegriffen: 16. Juni 2022.

Kovic, M. (2018). Autonome Waffen: Die missverstandenen Killer-Roboter. https://www. watson.ch/wissen/international/577645009-autonome-waffen-die-missverstandenen-kil ler-roboter. Zugegriffen: 16. Juni 2022.

Kreppmeier, L. (2019). Amazons Robotik-Chef erklärt, warum Roboter in den nächsten 10 Jahren keine Menschen ersetzen können. https://www.businessinsider.de/amazons-robotik-chef-erklaert-warum-roboter-in-den-naechsten-10-jahren-keine-menschen-ers etzen-koennen-2019-5. Zugegriffen: 16. Juni 2022.

Lenzen, M. (2019). *Künstliche Intelligenz: Was sie kann & was uns erwartet* (3. Aufl.). Beck.

Leven, M. (2018). *The Swot of Artificial Intelligence.* Vortrag auf dem 5. Marketing Symposium der Hochschule Darmstadt.

Maier, S. (2018). Deepfakes – Fake News auf dem nächsten Level?. https://www.stuttgarter-zeitung.de/inhalt.video-manipulation-im-internet-deepfakes-fake-news-auf-dem-naechs ten-level.8599119e-930b-452f-9466-187320f15c8d.html. Zugegriffen: 16. Juni 2022.

Parsch, S. (2018). AlphaZero spielt Schach, Go und Shogi – und schlägt alle seine Vorgänger. https://www.welt.de/wissenschaft/article185109198/Vergesst-AlphaGo-der-neue-Held-heisst-AlphaZero.html. Zugegriffen: 16. Juni 2022.

Pietschmann, O. (2019). Spione in den eigenen vier Wänden. *Main Echo,* 10.12.2019, S. 22

Pothen, B. (2018). Künstliche Intelligenz – Fluch und Segen zugleich. Vortrag auf dem 5. Marketing Symposium der Hochschule Darmstadt.

PROLIANCE GmbH. (Hrsg.) (2019). Künstliche Intelligenz und Datenschutz. https://www. datenschutzexperte.de/blog/datenschutz-im-internet/kuenstliche-intelligenz-und-datens chutz-welche-huerden-kuenftig-zu-erwarten-sind/. Zugegriffen: 16. Juni 2022.

Ramge, T. (2018). *Mensch und Maschine: Wie Künstliche Intelligenz und Roboter unser Leben verändern* (5. Aufl.). Reclam.

The New York Times Educational Staff. (2019). *Artificial intelligence.* Rosen Publishing.

VFR Verlag für Rechtsjournalismus. (Hrsg.) (2018). Cloud computing: Vernetzte IT-Infrastruktur. https://www.datenschutz.org/cloud-computing/. Zugegriffen: 16. Juni 2022.

Wolfangel, E. (2018). Das richtige Gefühl. https://www.spektrum.de/news/emotionen-perfek tionieren-kuenstliche-intelligenz/1566366. Zugegriffen: 16. Juni 2022.

Herausforderungen beim Einsatz von KI

5

5.1 Generelle Herausforderungen

Die zentrale Herausforderung an KI und Robotic Process Automation (RPA) ist die Datenmenge und -qualität, auf deren Grundlage automatisierte Entscheidungen und Ableitungen getroffen werden, wie u. a. in Abschn. 2.10 erwähnt. Häufig verfügen insbesondere KMUs nicht über diese Daten, um KI optimal einzusetzen. Dies gilt zum einen bei der sensorgestützten Überwachung von Anlagen, Maschinen oder Prozessen, aber auch beim Training der KI mit Störereignissen, um den Eintritt zukünftig frühzeitig zu erkennen und dem entgegenzuwirken. In diesem Kontext spricht man von Smarter Resilienz.

Eine weitere Herausforderung betrifft die technische Infrastruktur. Diese muss, je nach Einsatzszenario, so aufgestellt sein, dass große Datenmengen in Echtzeit analysiert werden und in die darauffolgende Entscheidung innerhalb des Prozesses Einfluss nehmen können. Beispielsweise sind autonomes Fahren oder gesundheitsrelevante Systeme darauf angewiesen.

Unabhängig von den Herausforderungen müssen die Voraussetzungen für interne und externe Akzeptanz, beispielsweise beim Personal, aber auch bei den Kunden geschaffen werden. Dies bedeutet in erster Instanz Aufklärung zu den Veränderungen und den damit verbundenen Chancen und Risiken. Die durch die Pandemie verursachte Teilbeschleunigung zur Digitalisierung von Prozessen und Arbeitsabläufen u. a. mittels Einsatzes von KI beispielsweise bei Vertragsprüfungen zeigt, dass Teile der Bevölkerung, die der Digitalisierung und dem Einsatz KI anfänglich kritisch gegenüberstanden, nunmehr durchaus positive Aspekte der Technologie identifiziert haben. Dies weist darauf hin, dass Aufklärung an konkreten Beispielen ein zielgerichtetes Vorgehen darstellen kann, um eine allgemein positivere Stimmung zum Einsatz KI–basierender Prozesse und Anwendungen zu erzielen. Ein konkretes Thema, welches durch den Lockdown sehr kontrovers diskutiert wurde, ist das Bildungswesen. Die teilweise desaströsen Zustände im Bereich der Nutzung der Potenziale der Digitalisierung sind an vielen Stellen offensichtlich geworden. Auch hier kann KI eine wichtige Rolle einnehmen, beispielsweise bei der Vorbereitung der Wochenaufgaben anhand der Resultate der Vorwochen, um sicherzustellen, dass Über- und Unterforderungen minimiert werden.

5.2   Was sollten Unternehmen tun?

Als Erstes muss ein Unternehmen eine klare und transparente KI-Strategie definieren und verfolgen. Dies ist die Basis dafür, dass Vertrauen in der Belegschaft erzeugt wird. Dies bedeutet aber nicht, dass die Strategie und die Umsetzung einzig top-down zu erfolgen hat. Vielmehr muss die Vision auf der Leitungsebene formuliert werden und danach können einzelne Projekte bzw. die konkreten Anforderungen bottom-up definiert werden.

Um durch fehlendes Know-how nicht ausgebremst zu werden, ist es ebenso notwendig, in die Weiterbildung des Personals zu investieren, damit das biologische Wissen des Unternehmens auch in die Umsetzung der Unternehmensziele in den Bereichen KI und RPA einfließt. Denn die eigenen Mitarbeiter verfügen bereits über ein großes Wissen über die Branche und die Anforderungen. Darüber hinaus sollten Unternehmen auch qualifizierte Mitarbeiter einstellen, die insbesondere bei der Analyse der Datenmengen und der darauf basierenden KI-Modelle eine wichtige Rolle einnehmen. Dabei sollte auf Heterogenität geachtet werden, damit möglichst vielschichtige Betrachtungswinkel auf die Daten und deren Nutzung sichergestellt werden. Gegebenenfalls ist auch eine temporäre Unterstützung durch externe Dienstleister hierbei anfänglich zielführend.

Hohe Anfangsinvestitionen in Infrastrukturen können vermieden werden, indem KI-Plattformen von Public-Cloud-Unternehmen genutzt werden. Da diese sich auf das Thema spezialisiert haben, ist die Infrastruktur je nach Grad des Einsatzes von KI skalierbar und die Performance ist ausreichend. Zusätzlich ist sichergestellt, dass die Unternehmensdaten vor Cybersecurity-Attacken weitestgehend geschützt sind.

Eine Studie von Goldsmiths, University of London in 2019 hat folgende Punkte identifiziert, um die Skalierbarkeit von RPA und KI sicherzustellen (vgl. Brauer et al., 2019):

1. **Technologie:** Die Herausforderung der Skalierbarkeit erfordert, dass Organisationen eine Kultur aufbauen, die sich mit dem technologischen Fortschritt weiterentwickeln kann. Eine kurzfristige Vision würde Organisationen in kleinen Anwendungsfällen festhalten, ohne sich mit den umfassenden Vorteilen von Automatisierung und KI auseinanderzusetzen.
2. **Fertigkeiten:** In Zukunft werden alle Arbeitsplätze „unterstützt durch Automatisierung". Durch die Optimierung für sofortige Produktivitätssteigerungen ohne die Schaffung einer Kultur der Unterstützung und der Förderung von Fähigkeiten würden Organisationen momentane Effizienzsteigerungen ohne langfristige Leistungsnachhaltigkeit erleben.
3. **Vielfalt:** Die Herausforderung, Benutzervertrauen zu den neuen automatisierten, durch KI-Erkenntnissen angepassten oder neuen Prozessen zu schaffen. Es muss beispielsweise sichergestellt werden, dass es Möglichkeiten gibt, die Technologie unter allen Geschlechtern zu nutzen. Nur 22 % der weltweiten KI-Experten sind weiblich und die Möglichkeit, bei Testläufen mitzuwirken, ist bei Frauen um 6 % geringer. Daneben müssen weitere Faktoren wie Alter, Ethnie etc. je nach Aufgabenstellung Berücksichtigung finden. Ansonsten werden automatisierte Entscheidungen getroffen, die aufgrund mangelhafter Datenmenge fehlerhaft sein können.
4. **Authentizität:** Die Herausforderung besteht darin, eine „KI-Waschung" zu vermeiden, bei der die Fähigkeiten der Technologie überbewertet werden. Je weniger die Arbeitnehmer der Organisation vertrauen, desto schwieriger wird es sein, die Technologien zu vermarkten und langfristig den wirklichen Wert zu erkennen.
5. **Belastbarkeit:** Wenn man sich nicht auf Veränderungen einlässt, wird sich die Technologie nur langsam weiterentwickeln, ebenso wie die Fähigkeiten der Arbeitnehmer und die Vielfalt und Authentizität eines Unternehmens.

Literatur

Brauer, C., Barth, J., Duggan, S., & Gough, T. (2019). https://www.automationanywhere.com/images/makeworkhuman/Automation_Anywhere_Booklet_FiveChallenges_b_012.pdf. Zugegriffen: 16. Juni 2022.

Nutzen und Grenzen der KI am Beispiel der Corona-Pandemie

6

Die Corona-Pandemie ist als ein schwer vorauszuahnender negativer Eingriff in nahezu alle menschlichen Lebenssituationen eingetreten. Dennoch hat sie in unterschiedlichen Bereichen als Treiber für den Einsatz digitaler Prozesse und KI-Methoden gewirkt. Gerade am Beispiel der weltweiten Pandemiebekämpfung lassen sich einige positive Aspekte, aber auch Grenzen aufzeigen.

6.1 Pandemiebekämpfung und Diagnosen mittels KI

In einer Studie wurden das klinische Spektrum der Krankheit und prädiktive Indikatoren in einer Fallserie aus Wenzhou, Zhejiang, China, untersucht. Dabei wurde mittels Machine Learning das Risiko eines schweren Krankheitsverlaufes, beispielsweise die Entwicklung des Atemnotsyndroms ARDS, oder eines letalen Verlaufs vorhergesagt (vgl. Jiang et al., 2020).

Machine Learning wurde auch eingesetzt, um einen „Vulnerability Index" zu entwickeln, der das Risiko von Personen oder Personengruppen bestimmen kann, sich mit Covid-19 zu infizieren (vgl. DeCapprio et al., 2020).

Eine im Juli 2020 veröffentlichte Studie von A.T. Kearney zeigt auf, wie KI die Pharmabranche verändert. Der Einsatz von Advanced Analytics in der Forschung und Entwicklung dient beispielsweise dazu, geeignete Medikamente zur alternativen Anwendung zu identifizieren. Dies führt zu einer Beschleunigung der komplexen und langen Studienphasen. Ein weiteres Merkmal der Veränderung ist der Einsatz von Chatbots, die mittels KI automatisierte Feedbacks an Patienten und Gesundheitsversorger generieren. Zusätzlich werden damit Patientenkohorten für Studien identifiziert (vgl. Kearney, 2020).

Die Corona-Pandemie hat weltweit zu Ideenwettbewerben geführt, in denen innovative Lösungen vorgestellt wurden, um die Pandemie u. a. mittels KI-Technologien zu bekämpfen. Einige dieser *Lösungen sind umgesetzt worden oder befinden sich in der Umsetzung. Die Europäische Kommission hat beispielsweise eine Initiative unter dem Namen „AI-ROBOTICS vs. COVID-19" gestartet zur Sammlung von Ideen über einsetzbare KI und Robotiklösungen sowie Informationen über andere Initiativen, die zur Bewältigung der andauernden COVID-19-Krise beitragen könnten. Die Initiative zielt darauf ab, ein einzigartiges Repository zu schaffen, das für alle Bürger, Interessengruppen und politischen Entscheidungsträger leicht zugänglich ist und Teil der gemeinsamen europäischen Reaktion auf den Ausbruch von COVID-19 wird (vgl. o. V., 2020).

Die nachfolgend dargestellte Initiative zeigt, dass innovative Ideen nicht alleine Erwachsenen vorbehalten sind, sondern bereits Kinder und Jugendliche diese Technologie zum Nutzen der Allgemeinheit einsetzen können. Der Verein AI Frankfurt Rhein-Main hat in 2020 einen Hackathon für Kinder und Jugendliche im Alter von zehn bis 15 Jahren durchgeführt, um einen KI-Infopoint-Roboter zu entwickeln. Dabei wurden unter anderem folgende Fragestellungen bearbeitet:

- Welche Rolle können Technologien wie die KI oder Robotics bei der Bewältigung der Corona-Krise spielen?
- Wie können aktuelle Erkenntnisse genutzt werden, um in der Zukunft im Falle einer weiteren außergewöhnlichen Situation wie eben beispielsweise einer Pandemie besser reagieren zu können?
- Wie wird eine Contentbibliothek gestaltet, die zu Transparenz und Wissensvermittlung zu KI in der Region beiträgt und den KI-Nutzen für Bürger erhöht?

Die Initiative, federführend von der gemeinnützigen techeroes gGmbH i. G. durchgeführt, wurde 2021 fortgesetzt (vgl. Techeroes, 2021). Unter anderem wurde 2020 ein Roboter entwickelt, der Kindern die korrekte Durchführung des hygienischen Händewaschens gezeigt hat.

Um die Flut der weltweiten Beiträge und Artikel, die seit dem Auftreten der Pandemie täglich erscheinen, zu filtern und um die relevanten und faktenbasierten Hinweise zu identifizieren, hat die nicht-kommerzielle Organisation Allen Institute for Artificial Intelligence (AI2) ein Tool namens SciFact entwickelt. Das System basiert auf einem neuronalen Netzwerk namens VeriSci und verwendet Wikipedia-Daten, wissenschaftliche Daten und Semantic Scholar einer frei zugänglichen Datenbank von wissenschaftlichen Aufsätzen (vgl. Allen Institute for AI, 2020; Wadden et al., 2020).

Eine Studie in „Nature Medizin" zeigt auf, wie mittels KI die Treffsicherheit von Verdachtsdiagnosen erhöht wird. Damit kann durch einen nativen Niedrigdosis-CT des Thorax COVID-19 nachgewiesen werden, bevor die Ergebnisse der PCR-Testung vorliegen, da dieser Nachweis der Virusgene zeitaufwendig ist (vgl. Schulze-Hagen et al., 2020).

6.2 Grenzen der KI bei der Bekämpfung der Pandemie

Eine Grenze, die bereits mehrfach in unterschiedlichen Kapiteln dieses Buches erwähnt wurde, ist die Menge und Qualität der Daten, die notwendig sind, um korrekte Analysen durchzuführen. Eine Herausforderung ist es zukünftig, auch mit geringeren Datenmengen korrekte Analysen zu ermöglichen. So wie heute in wissenschaftlichen Studien auch die Methoden zur Erhebung der Daten mit dafür verantwortlich sind, ob die Studienergebnisse anerkannt werden oder auch nicht, muss dies auch für Datenbasen im Kontext von maschinellem Lernen gelten. Ansonsten droht die Gefahr, dass die mittels KI ermittelten Ergebnisse vordergründig plausibel erscheinen, aber bei einer präziseren Sichtung Schwächen offenbaren.

Literatur

Jiang, X., Coffee, M., Bari, A., Wang, J., Jiang, X., Huang, J., Shi, J., Dai, J., Cai, J., Zhang, T., Wu, Z., He G., & Huang, Y. (2020). Towards an artificial intelligence framework for data-driven prediction of coronavirus clinical severity. *Computers, Materials & Continua, 62*(3), 537–551. https://doi.org/10.32604/cmc.2020.010691.

DeCapprio, D., Gartner, J., McCall, C. J., Burgess, T., Kothari, S., & Sayed, S. (2020). Building a COVID-19 Vulnerability index. *Journal of Medical Artificial Intelligence, 3*(15). https://doi.org/10.1101/2020.03.16.20036723.

Kearney. (2020). Wie künstliche Intelligenz die Pharmabranche revolutioniert, https://www.de.kearney.com/pressecenter/article/-/insights/studie-wie-kunstliche-intelligenz-die-pharmabranche-revolutioniert. Zugegriffen: 16. Juni 2022.

o. V. (2020). Join the AI-ROBOTICS vs COVID-19 initiative of the European AI Alliance, https://digital-strategy.ec.europa.eu/en/news/join-ai-robotics-vs-covid-19-initiative-eur opean-ai-alliance. Zugegriffen: 16. Juni 2022.

Techeroes. (2021). Hackathon: #KI Woche für Jugendliche, https://techeroes.de/project/ki-woche-hessen/. Zugegriffen: 16. Juni 2022.

Allen Institute for AI. (2020). SciFact Dataset, https://allenai.org/data/scifact. Zugegriffen: 16. Juni 2022.

David W., Lin, S., Lo, K., Wang, L. L., van Zuylen, M., Cohan, A., & Hajishirzi, H. (2020). Fact or fiction: Verifying scientific claims. In Proceedings of the 2020 Conference on

Empirical Methods in Natural Language Processing (EMNLP), S. 7534–7550, https://acl anthology.org/2020.emnlp-main.609. Association for Computational Linguistics.

Schulze-Hagen, M., Hübel, C., Meier-Schroers, M., Yüksel, C., Sander, A., Sähn, M., Kleines, M., Isfort, P., Cornelissen, C., Lemmen, S., Marx, N., Dreher, M., Brokmann, J., Kopp, A., & Kuhl, C. (2020). Low-dose chest ct for the diagnosis of COVID-19: A systematic, prospective comparison with PCR, *Deutsches Ärzteblatt International, 117*(22–23). https://doi.org/10.3238/arztebl.2020.0389.

Digitale Ethik

7

Das Aufzeigen der Risiken der KI führt unmittelbar zu der Frage nach einer Rechtsordnung und nach Normen, die vor dem Missbrauch der Technologien schützen, ohne die Potenziale zu gefährden. Wie bei nahezu allen Technologien ist nicht die Technologie per se „gut" oder „böse". Die Technologien können nur so genutzt werden, dass die Ergebnisse der Nutzung nach den jeweils geltenden Wertesystemen als „gut" oder „böse" interpretiert werden können. Das gleiche gilt daher u. a. auch für den Einsatz digitaler Technologien wie beispielsweise der KI oder der Robotik. Dies zeigt aber auch das Dilemma der Definition einer Ethik oder eines Wertesystems auf. Können diese allgemeingültig beschrieben werden?

Die Digitale Ethik beschäftigt sich daher mit der Definition von sittlichen Normsetzungen, die für Digitalisierung im Allgemeinen, aber auch für die Bereiche Robotik, Datennutzung, soziale Medien und Algorithmen gelten sollen in einem gesellschaftlich allgemein anerkannten Wertesystem.

7.1 Fragestellungen und Gremien

Die Fragestellungen sind vielfältig und betreffen unterschiedlichste Situationen des Alltags, beispielsweise beim Einsatz von Technologien in der Privatwirtschaft und im staatlichen Bereich, in der Medizin, beim autonomen Fahren, in der Kriegsführung und in der virtuellen Social-Media-Welt.

Bei der weiteren Entwicklung der Robotik stellt sich dann auch die Frage nach einer Maschinenethik. Dabei müssen der Persönlichkeitsschutz und der Datenschutz betrachtet werden und damit einhergehend die Fragestellung, ob die Digitalisierung nicht zu einer Veränderung der heutigen Grenzen führen muss.

Dies ist der Tatsache geschuldet, dass die heutigen Wertesysteme von Menschen eingehalten oder kontrolliert werden und nicht von Maschinen oder Algorithmen.

Um diese Fragen zu klären, gibt es eine Vielzahl von Gremien, die sich dessen in Deutschland angenommen haben. Auf der staatlichen Seite beispielsweise die Enquete-Kommission „Künstliche Intelligenz – Gesellschaftliche Verantwortung und wirtschaftliche, soziale und ökologische Potenziale" des Deutschen Bundestags, deren konstituierende Sitzung im September 2018 stattgefunden hat (vgl. Deutscher Bundestag, 2018). Die Kommission hat einige Ethikfragen im Netz veröffentlicht. Die Sitzungen finden in der Regel teils öffentlich statt. Daneben gibt es beispielsweise auf Länderebene den Rat für Digitalethik der hessischen Landesregierung.

Innerhalb der EU-Kommission wurde die High-Level Expert Group on AI gegründet. Die 52 Experten, die der Gruppe angehören, leiten aus den Grundwerten abstrakte Prinzipien ab und entwickeln dann Werte anhand konkreter Fälle (vgl. European Commission, 2018).

Auch die Privatwirtschaft beschäftigt sich mit diesen Fragestellungen im Kontext ihrer Tätigkeiten. Dabei haben einige Unternehmen der Digitalwirtschaft Kodizes für den Einsatz der KI unter Berücksichtigung ethischer Prinzipien definiert.

Allerdings stellt sich hierbei die Frage nach der Sinnhaftigkeit individueller Kodizes, die sich im Konfliktfall ökonomischen Aspekten unterordnen müssen.

7.2   Beispiele

Zahlreiche Beispiele zeigen potenzielle Konfliktsituationen auf. Sei es das Dilemma in der Entscheidung eines autonomen Fahrzeugs im Falle eines nicht zu verhindernden Unfalls mit potenziell unterschiedlichen Unfallbeteiligten. Sei es die Frage nach der Haftung bei Fehlinterpretationen in medizinischen Diagnosen und Therapieentscheidungen auf Basis von KI-basierten Algorithmen oder Diskriminierung durch algorithmische Entscheidungssysteme.

Der erste Fall lässt sich durch das Weichenstellerdilemma oder Trolley-Problem veranschaulichen. Dabei handelt es sich um ein moralisches Gedankenexperiment, welches bereits 1930 von Karl Engisch in seiner Habilitation dargestellt wurde (vgl. Engisch, 1930, S. 288). Dabei geht es darum, ob ein Weichensteller eine Weiche umstellen sollte, wenn ohne Umstellung aller Voraussicht nach viele Menschen zu Tode kommen würden und bei Umstellung weniger Menschen zu Tode kommen würden. Übertragen auf das autonome Fahren bedeutet dies, ob das Fahrzeug die Entscheidung danach treffen sollte, ob bei einem Unfall möglichst wenige Menschen zu Schaden kommen. Dabei stellt sich dann allerdings die Frage, wie der Wert eines Menschenlebens definiert wird und ob nicht ein Menschleben mehr wert sein kann als mehrere andere Leben.

Im Falle des Einsatzes im medizinischen Kontext hat sich herausgestellt, dass beispielsweise in der Onkologie die algorithmisch vorgeschlagene Therapie und Medikation zu schlechteren Ergebnissen geführt hat als die von Ärzten durchgeführte (vgl. Krempl, 2018). Dies ist nicht unbedingt auf den Algorithmus zurückzuführen, sondern in erster Linie auf die Datenbasis, mittels derer die Maschine eine Entscheidung trifft. Dennoch ist die Frage nach der Haftung berechtigt und zwar konkret, ob die datenbereitstellende Instanz, die implementierende Instanz oder die anwendende Instanz haftet.

Im dritten Beispiel führte der Einsatz von KI dazu, dass bei Amazon eine Software, die Bewerbungen nach Eignung bewerten sollte, Frauen diskriminierte (vgl. Zeit Online, 2018). Die Ursache lag darin, dass die KI die Einzelbewerbung nach bestimmten Merkmalen und Schlüsselwörtern bewertete. Im Falle von Amazon stellte die KI dabei fest, dass sich in der Regel technikaffine Männer in der Vergangenheit beworben haben, die dann auch eingestellt wurden. Dies führte zu dem Schluss, dass Männer wohl besser geeignet seien als Frauen. Aus diesem Grund wurden Frauen bei der Vorauswahl durch die Maschine ausgefiltert. Das Gleiche hat auch mit Bewerbern stattgefunden, die weiter weg von der Arbeitsstätte wohnten, da diese schneller die Arbeitsstelle kündigten. Das Problem hierbei war, dass häufiger ethnische Minderheiten weiter weg wohnten und dies dann generell zu einer Diskriminierung dieser Minderheiten führte.

Diese Beispiele zeigen auf, wie vielschichtig die ethischen Fragestellungen rund um die KI sind und warum es schwierig ist, ein allgemeingültiges Regelwerk aufzustellen. Dennoch gibt es hohen Handlungsdruck, Regelwerke für Teilbereiche schnell zu etablieren. Einer dieser Teilbereiche ist die Demokratie.

7.3   Demokratie 2.0

Bei der Betrachtung der Marktkapitalisierung der führenden Unternehmungen in den letzten 20 Jahren ist auffällig, wie stark der Markt mittlerweile von Technologieunternehmen dominiert wird (vgl. Statista Infografiken, 2021). Im Jahr 2000 tauchte lediglich ein Technologieunternehmen in der Liste der zehn wertvollsten Unternehmen auf, nämlich Microsoft. Zehn Jahre später hat sich die Anzahl der Technologieunternehmen mit Apple und Microsoft verdoppelt. In Q1 2021 sind aber bereits 7 Technologieunternehmen unter den Top 10 zu finden. Auf

Platz 1 liegt Apple, die Plätze 3 bis 7 und 9 belegen Microsoft, Amazon, Alpha-
bet, Facebook (Meta), Tencent und Alibaba. Letztere sind die ersten chinesischen
Unternehmen in den Top 10 und rangieren dort seit 2019. Der Rohstoff, der
den Wert dieser Unternehmen maßgeblich mitbestimmt, sind neben den Technologien die Datenhoheit. Daten sind der unendliche Rohstoff für funktionierende
KI-Algorithmen. Aus diesem Grund muss die Frage gestattet sein, ob es eine
Gefahr für die Demokratie darstellt, wenn diese marktbeherrschen Unternehmen
diese Daten für den Zweck der Meinungsbildung oder -manipulation einsetzen,
ohne dass dem Kunden Transparenz darüber geschaffen wird. Damit wird nicht
ausgesagt, dass die genannten Unternehmen dies tun, aber sie könnten es.

Durch Verbreitung von Deepfakes ist es möglich, Wahlen oder Meinungen
gezielt zu manipulieren (vgl. Cadwalladr, 2017). Ein Beispiel dafür ist der Aus-
gang der Brexit-Abstimmung. Carole Cadwalladr, eine investigative Journalistin
beim Guardian und Observer, hat dies eindrucksvoll beim Ted Talk dargestellt
(vgl. Cadwalladr, 2019). Durch ihre Recherchen hat sie nachgewiesen, dass der
Wahlausgang in Ebbw Vale im Südosten von Wales mit 62 % Brexit-Befürworten
durch den geplanten Aufbau von Filterblasen entstanden ist. Dabei wurden Fake
News in großem Maße in den Social-Media-Kanälen mit potenziellen Wählern
geteilt. Dies hatte zur Folge, dass in den Time Lines korrekte Angaben nahezu
verschwunden waren und die wahlrelevante Bevölkerung mit Fake News über-
schwemmt wurde. Dieses Beispiel zeigt, dass nicht nur die Bevölkerung in
autoritären Staaten, sondern auch die in Demokratien den Gefahren der virtuellen Autorität durch massenhafte koordinierte Falschinformationen und der damit
verbunden Polarisierung ausgesetzt ist. Handeln ist hier notwendig, um einen
digitalen Feudalismus 2.0 zu verhindern.

Ein weiteres Bespiel, welche Gefahren eine Gesellschaft ausgesetzt ist, belegt
das Thema „Impfrate". In Japan hat die Regierung im Jahr 2013 ein kostenlo-
ses nationales Programm zur Bekämpfung von Gebärmutterhalskrebs eingeführt
(vgl. NDR, 2019). Diese Maßnahme hatte großen Erfolg mit einer Impfrate
von über 70 % bei den weiblichen Jugendlichen. Nach einer gezielten Fake-
News-Kampagne von Impfgegnern fiel die Impfquote im Jahr 2015 auf unter
ein Prozent. Dr. Riko Muranaka konnte nachweisen, dass es sich bei den durch
die Impfgegnern verbreiteten Informationen um Fake News handelte und wurde
im Jahr 2017 für ihre Arbeit mit dem John Maddox Preis ausgezeichnet (vgl.
MedWatch, 2019; SENSE about Science, 2017). Trotz dieses Nachweises ist die
Impfrate in Japan nicht mehr gestiegen. Dieses Beispiel zeigt auf, wie stark Filterblasen das Meinungsbild beeinflussen können und dass diese Filterblasen trotz
gegenteiliger Nachweise kaum zu zerstören sind.

7.4 Digitale Manipulation der Wahrnehmung

Das Erstellen von Deepfakes wird zunehmend einfacher. Die hohe Leistungsfähigkeit von Standardhardware hat zur Folge, dass jede interessierte Person in der Lage ist, Videos oder Bilder zu erstellen, bei denen mehr oder weniger nicht mehr unterschieden werden kann, ob es sich um reale Aufzeichnungen oder Manipulationen handelt. Ein prominentes Beispiel dafür ist das Video von Ex-US-Präsident Barack Obama, in dem er auf seinen Nachfolger Donald Trump schimpft (vgl. YouTube BuzzFeedVideo News, 2018). Ein weiteres Video mit einer Obama-Fälschung wurde von Researchern der Universität von Washington erstellt (vgl. YouTube BBC News, 2017). Heute kann man an Details noch weitestgehend erkennen, dass es sich um eine Fälschung handelt. Doch ist es nur eine Frage der Zeit, wann dies nicht mehr manuell möglich sein wird. Kaan Sahin, Research Fellow bei der Deutschen Gesellschaft für Auswärtige Politik, spricht in diesem Kontext von einer Demokratisierung der Desinformation (vgl. Kerkheim & Koch, 2019).

Anleitungen und Programme zum Erstellen der Deepfakes sind heute im Internet frei verfügbar oder käuflich zu erwerben.

7.5 Digitale Normen

Mittlerweile sind in mehr als 100 demokratischen Ländern verfassungsmäßig garantierte Rechte und Freiheiten im Selbstbewusstsein der Bürger verankert (vgl. Center for Systemic Peace, 2017). Die Digitalisierung kann dazu führen, dass diese Anzahl wächst oder sich reduziert. Autokratien können die Technologien einsetzen, um die Machtverhältnisse zu sichern und die Bürger zu steuern, aber auch, um andere Demokratien zu gefährden und zu destabilisieren.

Zum Jahreswechsel 2015/2016 wurde das „Digitale Manifest" veröffentlicht (vgl. Könneker, 2017, S. 20). Hierbei haben sich acht Professoren und eine KI-Expertin der Aufgabe gewidmet, Grundprinzipien zu entwickeln, die einen drohenden neuen Feudalismus basierend auf neuen Technologien verhindern. Stattdessen kann sich eine neue Demokratie 2.0 entwickeln, in welcher die neuen Technologien zum Wohle der Menschheit eingesetzt werden. Dies soll durch die Kompatibilität der neuen Technologien mit den geltenden Grundwerten erreicht werden. Die Grundprinzipien lauten:

1. die Funktion von Informationssystemen stärker zu dezentralisieren;
2. informationelle Selbstbestimmung und Partizipation zu unterstützen;

3. Transparenz für eine erhöhte Vertrauenswürdigkeit zu verbessern;
4. Informationsverzerrungen und -verschmutzung zu reduzieren;
5. von den Nutzern gesteuerte Informationsfilter zu ermöglichen;
6. gesellschaftliche und ökonomische Vielfalt zu fördern;
7. die Fähigkeit technischer Systeme zur Zusammenarbeit zu verbessern;
8. digitale Assistenten und Koordinationswerkzeuge zu erstellen;
9. kollektive Intelligenz zu unterstützen; und
10. die Mündigkeit der Bürger in der digitalen Welt zu fördern – eine „digitale Aufklärung".

Wenn die These herangezogen wird, dass die Demokratie die größte Errungenschaft der Menschheit darstellt und durch die Entwicklungen im Zeitalter der Aufklärung einem großen Teil der Menschheit Selbstbestimmungs- und Freiheitsrechte ermöglicht wurden, ist dieser Ansatz nachvollziehbar.

Wie bereits in Abschn. 7.3 dargestellt, befinden sich unter den 10 wertvollsten Unternehmen der Welt sieben Technologiekonzerne. Diese verfügen über derart viele Daten, dass bei einem gezielten Missbrauch dieser Datenmacht unterschiedlichste Manipulationsszenarien des Individuums, der Gesellschaft und der Märkte ermöglicht werden, ohne dass diese Manipulation transparent wird.

Eine Maßnahme seitens der EU war die Verabschiedung der EU-DSGVO im Jahr 2018 (vgl. Der Bundesbeauftragte für den Datenschutz und die Informationsfreiheit, 2019). Hiermit soll sichergestellt werden, dass die Nutzer die Kontrolle über ihre Daten haben. Die Umsetzung der EU-DSGVO und die Diskussion zur Umsetzung zeigen auf, dass der Grat zwischen Kontrolle und Starre und damit Innovationsverhinderung sehr schmal ist.

Eine wesentliche Aufgabe zur Sicherstellung des verantwortungsvollen Umgangs mit neuen Technologien ist die frühzeitige und permanente Aufklärung über die Chancen und Risiken dieser Transformation. Dies führt zu mündigen Bürgern. Daher ist dringend zu empfehlen, diese Fähigkeiten bereits im Kindergarten- und Grundschulalter zu fördern. Darüber hinaus müssen demokratische Staaten technische Lösungen fördern, die das Individuum in die Lage versetzen, die Vielzahl der täglichen neuen Informationen auf Relevanzen und Korrektheit zu bewerten. Mittels KI-basierender Algorithmen ist es dann durchaus möglich, in einer komplexen, datenbasierten Welt den Überblick zu behalten.

Damit gilt der Leitspruch der Aufklärung „Habe Mut, dich deines eigenen Verstandes zu bedienen" oder „Sapere aude" auch in einer digitalen, mit KI angereicherten Welt (vgl. Kant, 1784).

Literatur

Cadwalladr, C. (2017). The great British Brexit robbery: How our democracy was hijacked- The Guardian. . https://www.theguardian.com/technology/2017/may/07/the-great-british-brexit-robbery-hijacked-democracy. Zugegriffen: 16. Juni 2022.

Cadwalladr, C. (2019). Facebook"s role in Brexit — and the threat to democracy. Ted Talk. https://www.ted.com/speakers/carole_cadwalladr. Zugegriffen: 16. Juni 2022.

Center for Systemic Peace. (2017). The polity project. https://www.systemicpeace.org/polity project.html. Zugegriffen: 16. Juni 2022.

Der Bundesbeauftragte für den Datenschutz und die Informationsfreiheit. (2019). Datenschutz-Grundverordnung – Bundesdatenschutzgesetz – Texte und Erläuterung (Info 1). https://www.bfdi.bund.de/SharedDocs/Publikationen/Infobroschueren/INFO1.html. Zugegriffen: 16. Juni 2022.

Deutscher Bundestag. (2018). Enquete-Kommission KI. https://www.bundestag.de/dokumente/textarchiv/2018/kw26-de-enquete-kommission-kuenstliche-intelligenz-560330. Zugegriffen: 16. Juni 2022.

Engisch, K. (1930). *Untersuchungen über Vorsatz und Fahrlässigkeit im Strafrecht.* O. Liebermann.

European Commission. (2018). High-Level Expert Group on Artificial Intelligence. https://ec.europa.eu/digital-single-market/en/high-level-expert-group-artificial-intelligence. Zugegriffen: 16. Juni 2022.

Kant, I. (1784), *Beantwortung der Frage: Was ist Aufklärung?* (S. 481–494). Berlinische Monatsschrift, H. 12.

Kerkmann, C., & Koch, M. (2019). Warum Deepfakes Demokratien gefährden und sogar Kriege auslösen können. Handelsblatt. https://www.handelsblatt.com/technik/digitale-revolution/digitale-revolution-warum-deepfakes-demokratien-gefaehrden-und-sogar-kriege-ausloesen-koennten/25023532.html?ticket=ST-6863641 1-M6jMKRdUPvILlFQ PxMef-ap6. Zugegriffen: 16. Juni 2022.

Könneker, C. (Hrsg.). (2017). *Unsere digitale Zukunft. In welcher Welt wollen wir leben?* Springer.

Krempl, S.(2018). Kampf gegen Krebs: Dr. Watson enttäuscht Erwartungen. https://www.heise.de/newsticker/meldung/Kampf-gegen-Krebs-Dr-Watson-enttaeuscht-Erwartungen-4137203.html. Zugegriffen: 16. Juni 2022.

MedWatch. (2019). HPV vaccination: How Japan was taken by an anti-vax tsunami. https://medwatch.de/2019/02/15/hpv-vaccination-how-japan-was-taken-by-an-anti-vax-tsunami. Zugegriffen: 16. Juni 2022.

NDR. (2019). Der große Umbruch. https://www.ndr.de/fernsehen/sendungen/45_min/video-podcast/Der-grosse-Umbruch-22,minuten3104.html. Zugegriffen: 16. Juni 2022.

SENSE about Science. (2017). The John Maddox Prize. https://senseaboutscience.org/john-maddox-prize/. Zugegriffen: 16. Juni 2022.

Statista Infografiken. (2021), https://de.statista.com/infografik/25062/wertvollste-unternehmen-der-welt-nach-marktkapitalisierung/. Zugegriffen: 16. Juni 2022.

YouTube BBC News. (2017). Fake Obama created using AI video tool – BBC News. https://www.youtube.com/watch?v=AmUC4m6w1wo. Zugegriffen: 16. Juni 2022.

YouTube BuzzFeedVideo News. (2018). You Won't Believe What Obama Says In This
    Video!. https://www.youtube.com/watch?v=cQ54GDm1eL0. Zugegriffen: 16. Juni 2022.
Zeit Online. (2018). Künstliche Intelligenz diskriminiert (noch). https://www.zeit.de/arb
    eit/2018-10/bewerbungsroboter-kuenstliche-intelligenz-amazon-frauen-diskriminierung.
    Zugegriffen: 16. Juni 2022.

Praxisbeispiel

8

Ein kurzes Praxisbeispiel wird im Nachfolgenden darstellen, wie ein KI-Projekt durchgeführt werden kann. Es gibt eine große Anzahl von Anwendungsfeldern, die dafür in Betracht gezogen werden können. Textanalysen, Mustererkennung, Spracherkennung, Bilderkennung, Chatbots und RPA sind Beispiele für Anwendungsfelder.

Im Folgenden wird eine Vorgehensweise für Ziffernerkennung exemplarisch dargestellt. Dies kann von Interesse sein, wenn handschriftliche Zahlenfolgen beispielsweise im Kontext von Telefonnummern oder Kontodaten maschinell erkannt und verarbeitet werden sollen.

Betrachten wir hier handschriftlich erfasste Kontaktdaten im Kontext der Erfassung von Kontaktdaten im Rahmen der Pandemiemaßnahmen. Damit ist der Anwendungsbereich Kontaktdaten festgelegt. Der Anwendungsfall ist die maschinelle Erkennung der Telefonnummer in den Kontaktdaten. Dabei handelt sich um eine einfach zu realisierende Lösung mit einem hohen Bedarf. Danach sollten das KI-Modell sowie die zu verwendenden Tools und die Technologien festgelegt werden. Im Bereich der Ziffernerkennung kann dabei ein Convolutional Neuronal Network (vgl. deepai.org) (CNN) eingesetzt werden. Ein Framework, das in diesem Kontext eingesetzt wird, ist TensorFlow (vgl. tensorflow.org). Es handelt sich dabei um eine durchgängige Open-Source-Plattform für maschinelles Lernen, die über ein umfassendes, flexibles Ökosystem aus Tools, Bibliotheken und Community-Ressourcen verfügt. Zusätzlich kann Keras (vgl. keras.io) eingesetzt werden. Es handelt sich dabei um eine Open-Source-basierte Bibliothek, die eine schnelle Implementierung eines neuronalen Netzwerks ermöglicht und als ein Interface für Maschine Learning Frameworks geeignet ist. Im nächsten Schritt sind Daten erforderlich, die ein maschinelles Trainieren und damit Lernen ermöglichen. Bei Ziffern kann dabei beispielsweise die MNIST-Datenbank eingesetzt werden. MNIST steht für „Modified National Institute of Standards and

M. Neu et al., *Anwendungsfelder und Herausforderungen der Künstlichen Intelligenz,* https://doi.org/10.1007/978-3-658-38891-1_8

Abb. 8.1 Schriftproben von Amerikanern. (Quelle: Freie Bilddatenbank MNIST)

Technology" und beinhaltet handgeschriebene Zahlen von 0 bis 9. Diese Datenbank ist öffentlich verfügbar, besteht aus 60.000 Beispielen im Trainingsdatensatz
und 10.000 Beispielen im Testdatensatz und dient dem Trainieren von Klassifi-
katoren. Weiterführende Informationen sind auf einer Webseite von Yann LeCun
et al. (o. J.) dargestellt. Yann LeCun ist VP und Chief AI Scientist bei Facebook AU Research und Professor für Computer Science, Data Science, Neural
Science, and Electrical and Computer Engineering an der New York University.
2018 erhielt er den Turing Award (vgl. ACM, 2019) (Abb. 8.1).

Die Ziffern in Abb. 8.1 stammen von Schriftproben der Mitarbeiter und Mitarbeiterinnen des American Census Bureau und von US-High-School-Studierenden. Bei näherer Betrachtung der Abbildung und insbesondere der Ziffern 1 und 7 fällt eine Herausforderung auf. Da die amerikanische Schreibweise der Ziffern 1 und 7 sich erheblich von der deutschen Schreibweise unterscheidet, müssen die Datensätze um deutsche bzw. europäische Datensätze angereichert werden. Nachdem die Datensätze angereichert worden sind, können diese dann in die drei Gruppen Trainings-, Validierungs- und Testdaten eingeteilt werden, wobei die Trainingsdatengruppe die größte und die Testdatengruppe die kleinste in der Anzahl ist. Im Anschluss daran wird ein KI-Modell erstellt, welches über die Phasen Training, Validierung und Test idealerweise zu einem qualitativ hochwertigen, performanten in der Produktion mit Minimalanforderungen einsetzbaren KI-Modell führt. In der Produktion kann das Modell dann stetig durch Anpassung der Algorithmen optimiert werden, bis ein ideales Erkennungsergebnis erreicht wird.

Abb. 8.2 dient als leicht verständliche Darstellung eines Ablaufdiagramms von Matthieu Deru und Alassane Ndiaye. Deren Buch „Deep Learning mit Tensorflow" möchte ich an dieser Stelle empfehlen als weitergehende Lektüre für praktische Umsetzungen von KI Projekten.

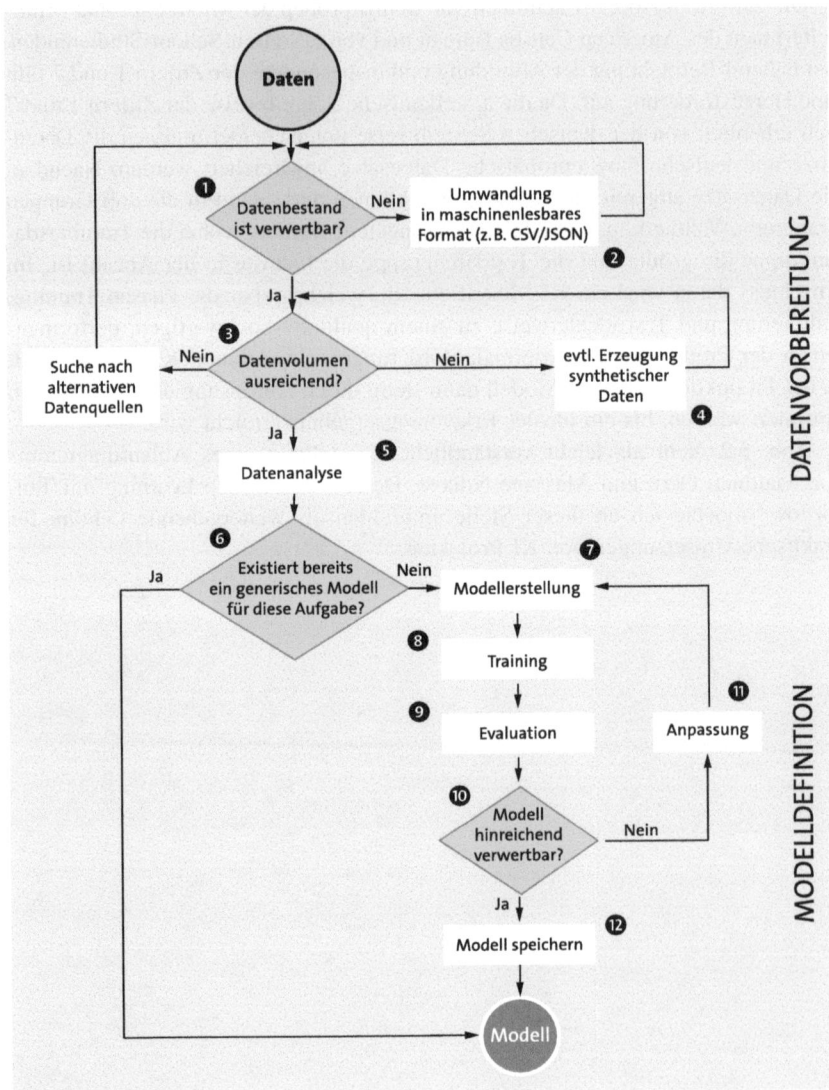

Abb. 8.2 Ablaufdiagramm eines typischen Machine-Learning-Projekts. (Quelle: Deru & Ndiaye, 2020, S. 38)

Literatur

ACM. (2019). Yann Lecun. https://amturing.acm.org/bib/lecun_6017366.cfm. Zugegriffen: 16. Juni 2022.

Deru, M., & Ndiaye, A. (2020). *Deep Learning mit TensorFlow, Keras und TensorFlow.js.* Rheinwerk Verlag.

LeCun, Y., Cortes, C., & Burges, C. J. C. (o. J.). The MNIST Database of handwritten digits. http://yann.lecun.com/exdb/mnist/. Zugegriffen: 16. Juni 2022.

Fazit

9

Im Rahmen dieser Veröffentlichung wurden die aktuellen Anwendungsfelder der KI und deren Herausforderungen in der Zukunft beleuchtet. Im Mittelpunkt standen folgende zwei Fragen:

1. Worauf müssen die Treiber der Digitalisierung achten, damit technische Innovationen nicht zum Selbstzweck werden?
2. Was bedeutet das Fortschreiten der KI für die Gesellschaft, Marketing und Kommunikation?

Da technische Innovationen kein Selbstzweck sind, verfolgt die Digitalisierung das Ziel, Prozesse effizienter zu gestalten, Kundenbeziehungen zu optimieren und den Alltag zu erleichtern. Hierzu wurden zahlreiche praxisnahe Beispiele dargestellt.

Bei der Umsetzung der erwähnten Anwendungsfelder müssen sowohl Unternehmen wie auch Bürger eingebunden werden. Wie kann man die Beteiligten auf die riesigen Veränderungen vorbereiten? Die intelligente Automatisierung und die Zusammenarbeit zwischen Menschen und intelligenten Maschinen werden zu tieferen Veränderungen in der Gesellschaft und bei den Unternehmen führen. Anstelle von Arbeitskräften werden immer mehr Roboter eingesetzt. Zahlreiche Tätigkeiten, vor allem Routinetätigkeiten, gehen verloren. Obwohl mit der KI-Technik zahlreiche neue Berufe entstehen, können soziale Umwälzungen nicht vermieden werden.

In diesem Zusammenhang muss darauf hingewiesen werden, dass die Akteure auch verantwortungsvoll mit dem Einsatz von KI umgehen sollten. Viele Wissenschaftler behaupten, dass KI noch eine lange Zeit beherrschbar sein wird. Die Beherrschbarkeit von KI sei ähnlich zu beurteilen wie die Beherrschbarkeit anderer komplexer Technologien, die in einem Zusammenspiel von technischen

M. Neu et al., *Anwendungsfelder und Herausforderungen der Künstlichen Intelligenz,* https://doi.org/10.1007/978-3-658-38891-1_9

Komponenten und Menschen funktionieren. Der technische Fortschritt hat den Menschen sehr oft Aufgaben abgenommen. Diese Zeit konnten die Menschen für neue und reizvollere Aufgaben nutzen, die geprägt sind von Menschlichkeit, sozialen Kontakten, Empathie und Kreativität. Mensch und Maschine haben vom Prinzip her komplementäre Eigenschaften und ergänzen einander. Menschen bringen den Maschinen bei, was sie können, d. h., Maschinen werden den Wirkungskreis der Menschen erweitern, jedoch höchstwahrscheinlich nicht aus eigenem Antrieb die Führung übernehmen.

Entscheidend wird also sein, wie Menschen KI anwenden. Beim Blick auf KI kann man sowohl Optimist wie auch Pessimist sein. Eine große Sorge ist die Vorstellung, dass Politiker und andere Akteure über KI und den digitalen Wandel reden, ohne ihn wirklich verstanden zu haben. KI-Technik hat – wie aufgezeigt wurde – ein nahezu unbegrenztes Potenzial und kann Nutzen stiften, aber auch missbraucht werden. Gut durchdachte gesetzliche Rahmenbedingungen sind dabei eine zwingende Notwendigkeit, um die Risiken einer negativen Gesamtentwicklung möglichst auszuschließen. So könnte beispielsweise die Forschung über das Bewusstsein von Robotern unter der strengen Aufsicht einer Ethikkommission stehen. Es sollte bei allen Anwendungen für den Menschen stets die Möglichkeit bestehen, die Vorgänge kontrolliert abzuschalten.

KI kann andererseits aber auch einer wirtschaftlichen und sozialen Entwicklung neuen Schwung verleihen und den Lebensstil der Menschen grundlegend verändern. Deutschland sollte die Entwicklung von KI als Chance begreifen und nach dem Vorbild von China danach streben, ein weltweit führender KI-Standort bei der Entwicklung von KI zu werden.

The manufacturer's authorised representative in the EU is Springer
Nature Customer Service Centre GmbH, Europaplatz 3, 69115 Heidelberg,
Germany. If you have any concerns regarding our products, please
contact ProductSafety@springernature.com

Printed and bound by CPI Group (UK) Ltd, Croydon, CR0 4YY

28/04/2026

02098538-0004